Wiener Küche

Martina Hohenlohe

Wiener Küche

Zum Kennenlernen und Nachkochen

Fotos von Willfried Gredler-Oxenbauer

Pichler Verlag

Alle Rezept-Zutaten sind für 4 Portionen berechnet.

Als der Wiener Operettenkomponist und Kapellmeister Oscar Straus in den 30er-Jahren des 20. Jahrhunderts nach Amerika reiste, um mit seiner Filmmusik auf den Bühnen Hollywoods den Ton anzugeben, nahm er Hoffnung, Mut sowie große Ambitionen mit. Und seine Köchin Mizzi Scheithauer, denn ohne ihre Küche war ihm das Abenteuer Amerika doch zu riskant. „Die schlechte Laune ist sofort verflogen, wenn ein schönes Wiener Schnitzel und einige gute Zwetschgenknödel ihren Duft verbreiten. – Das sagt mir Oscar Straus jeden Tag, seitdem ich bei ihm das Haus führe. Über seinen Vertrag nach Hollywood war er sehr glücklich, sehr unglücklich aber war er, wenn er an das amerikanische Essen dachte. Ich konnte seine schlechte Laune nicht mehr mit ansehen. Gnä' Herr, sagte ich, das geht einfach nicht. Sie dürfen sich Ihren Magen drüben nicht verderben, dafür werde ich sorgen. Jetzt essen Sie Ihre Knödel in Ruhe auf und lassen Sie sich Ihren Milchkaffee gut schmecken. – Ja, aber ..., stammelte Straus. Nichts aber, ich fahre mit und basta," ließ Mizzi Scheithauer keine Zweifel an der übergreifenden Wirksamkeit der Wiener Küche aufkommen (Interview in *Licht-Bild-Bühne*, 1931).
Auch wenn in Schmalz gebackenes Paniertes, mit Mark Gesottenes und mit Zucker Gebackenes dem Zeitgeist widerspricht, beweist die Wiener Küche Hartnäckigkeit. Niemand kann glaubhaft machen, für einen Rohkostteller dieselben Gefühle zu entwickeln wie für ein knuspriges Schnitzel. Auch wenn die Wiener heute Sushi, Kebab und Tramezzini lieben – ihren Tafelspitz, Kaiserschmarren und Burenwurst würden sie nie dafür aufgeben. Im Gegenteil: Im Bauch von Wien hat vieles Platz. Das beweist schon die Geschichte, denn das Erfolgsrezept des kulinarischen Wien besteht aus den besten Küchengeheimnissen aus Böhmen und Österreich, aus Ungarn und vom Balkan. Heraus kommt eine Mischung aus zwei Dutzend verschiedenen Arten von gekochtem Rindfleisch, drei Dutzend Sorten von Schnitzeln, vier Dutzend Nuancen von Kaffee und Hunderte von Mehlspeisen. Dem Wiener war ein Schreibtischjob damals so fremd wie uns heute die Arbeit eines Bänkelsängers, Wäschermädels oder Werkelmannes im alten Wien. Dementsprechend höher war der Bedarf an fester (und fetter) Nahrung.
Die kulinarische Wiener Melange – eine Mischung, geboren im Vielvölkerstaat – ist bürgerliche Hofküche sowie verfeinerte bäuerliche Kost. Ab 1600 sind italienische Einflüsse kostbar, und zwar bis heute: Risibisi (venezianisch *risi e bisi*),

Melanzani, Maroni, Biskotten (Löffelbiskuit) etc. Parallel zur Etikette am Hof und der Sprache in der Diplomatie begann sich die französische Küche durchzusetzen, ab nun aß man keine Suppe, sondern eine Bouillon.
Die Wiener Küche ist zwar nicht so raffiniert wie die vornehme französische, aber sie ist vielseitig. Nur mit dem Gemüse hat man sich im alten Wien nicht so recht anfreunden wollen. Dafür war man König der Kohlenhydrate, die mit viel Fantasie in Form gebracht wurden – Erdäpfel findet man in den erstaunlichsten Variationen, dazu Knödel, Nudeln und Nockerln süß oder pikant.
Der Erfindungsreichtum der Wiener hat seine Wurzeln in der Vergangenheit, wohl in jener Zeit, als das Reich der Habsburgerkaiser vom Bodensee bis in die Karpaten, von der Elbe bis zur Drina reichte. Die kaiserlichen Herrschaften aßen allesamt gut und gerne, Rezepte aus ganz Südeuropa erreichten so die Kaiserstadt.
Vieles aus der alten Wiener Küche wurde vergessen, aufwendige Zubereitungsarten und Full-Time-Jobs passen einfach nicht zusammen – tägliches Kochen wie früher ist heute oft nicht mehr möglich und so greift man zu halbfertigen oder fertigen Gerichten. Bei den Rezepten in diesem Buch habe ich versucht, die Zutaten und ihre Zubereitung modernen Ansprüchen anzupassen ohne ihnen ihre Authentizität zu nehmen.

Ich wünsche Ihnen viel Freude, Lust und Genuss bei dieser kulinarischen Reise durch das alte Wien.

Martina Hohenlohe

Fotoassistenz: Mag. Edith Fabsich

Autorin und Verlag bedanken sich für die tatkräftige Unterstützung bei:

Reinhard Staub Junior
Café Sperl
Gumpendorfer Straße 11, 1060 Wien
Telefon/Fax: +43/1/586 41 58
www.cafesperl.at

Alt Wiener Gastwirtschaft Rodaunerhof
Ketzergasse 465, 1230 Wien
Telefon: +43/1/888 75 08, Fax: +43/1/888 75 08
www.rodaunerhof.at

Küchenteam: Rosa Tuschl (Leitung), Werner Fida und Gerhard Kolar (Köche)

Die Rezepte wurden vom Küchenteam speziell für die Fotoarbeiten nachgekocht.

KLARE RINDFLEISCHSUPPE

800 g Rindfleisch (Schulter oder Brust), 500 g Rindsknochen (Rippe), 200 g Rindsleber, 1 gelbe Rübe, 1 Karotte, je 1 Petersilien- und Selleriewurzel, 1 Stange Lauch, 1 Zwiebel, 1 Paradeiser (färben die Fettaugen rötlich), 8–10 Pfefferkörner, 2 l Wasser, Liebstöckl, 2 Stängel glatte Petersilie, Schnittlauch, Salz

Wurzelwerk, Zwiebel und Lauch putzen, waschen, in Scheiben schneiden oder der Länge nach halbieren. Knochen warm waschen. Rindfleisch, in kleinere Stücke geschnittene Knochen (das kann der Fleischhauer für Sie übernehmen) und kleinwürfelig geschnittene Leber in kaltes Wasser geben, geschnittenes Gemüse, Pfefferkörner, Paradeiser, Liebstöckl, Petersilie und eine Prise Salz aufsetzen.
Suppe einmal leicht aufkochen lassen, Hitze reduzieren und auf kleiner Flamme verschlossen 2–3 Stunden leicht weiterkochen lassen. Zwischendurch den Schaum abschöpfen. Zuletzt die Suppe entfetten (dazu etwas kaltes Wasser in die Suppe gießen). Dann abseihen (durch dünnmaschiges Sieb oder Leinentuch).
Zum Schluss auch einige Scheiben gesondert erwärmtes Rindermark in die Suppe geben. Mit Salz abseihen, Schnittlauch waschen, in feine Röllchen schneiden und zur Suppe geben.

Tipp: Möchte man das Fleisch essen und die Suppe als Nebenprodukt verwenden, gibt man das Fleisch in das bereits kochende Wasser. Setzt man alles in kaltem Wasser auf, bekommt man eine intensive Rindsuppe.

Markknödel

2 Semmeln, 50 g Rindermark, 10 g Butter, 1 Ei, Salz, Muskatnuss, 1 EL gehackte Petersilie, Semmelbrösel

Semmeln in Wasser einweichen, ausdrücken und durch ein Sieb passieren. Das weiche Rindermark mit der Butter schaumig rühren und mit den passierten Semmeln und dem Ei gut verrühren. Mit einer Prise geriebener Muskatnuss, Petersilie und Salz würzen, so viel Semmelbrösel beifügen, dass eine mittelfeste Masse entsteht. Daraus mit feuchten Händen nussgroße Knödel formen, in Salzwasser 8 min schwach wallend kochen lassen und als Einlage in die fertige Suppe geben.

Kaiserschöberl

40 g Butter, Prise Salz, 3 Dotter, 1–2 EL Milch, 80 g Mehl, 3 Eiklar, Butter für das Blech

Ofen auf 150 °C vorheizen. Butter salzen, mit den Dottern schaumig rühren (Mixer), Milch und Mehl untermischen. Eiklar zu steifem Schnee schlagen, zur Butter-Dotter-Masse geben, unterheben. Masse auf befettetes Backblech (oder ein mit Backpapier belegtes Backblech) fingerdick aufstreichen, im Ofen 12–15 min goldgelb backen. Teig erkalten lassen und in rautenförmige Stücke („Schöberl") schneiden.

Leberknödel

2 altbackene Semmeln, 120 g Rindsleber, 1 kleine Zwiebel, 1 Bund Petersilie, 30 g Butter, Salz, Pfeffer, 1 TL Majoran (getrocknet), 1 Zehe Knoblauch, 1 Ei, 50 g Semmelbrösel

Semmeln halbieren, in Wasser einweichen, gut ausdrücken. Rindsleber in sehr kleine Stücke hacken. Zwiebel schälen, in feine Würfel schneiden. Butter in einer Pfanne zerlassen, Zwiebel darin dünsten. Knoblauch pressen. Petersilie waschen, Blätter abzupfen, fein hacken, zur Zwiebel geben. Semmeln, Leber, Zwiebel, Petersilie, Majoran und Knoblauch fein faschieren. Verfügt man nicht über eine Faschiermaschine, kann man die Masse mit dem Stabmixer fein pürieren. Ei und Brösel dazugeben, salzen und pfeffern, gut vermengen, ca. 5 min rasten lassen. Mit befeuchteten Händen kleine Knödel formen und in der Suppe etwa 8 min leise kochen lassen.

Tipps: Man kann die Leberknödel auch separat zubereiten und sie in Salzwasser garen. Gibt man zu dieser Masse nur 20 g Semmelbrösel und drückt sie mit Hilfe eines Löffels durch ein grobes Reibeisen oder durch ein Spätzlesieb in die kochende Suppe, erhält man „Leberreis" als Suppeneinlage.

Frittaten

60 g glattes Mehl, 2 Eier, 1/8 l Milch (oder Mineralwasser mit Kohlensäure), Salz, 3 EL Öl zum Backen, Schnittlauch

Mehl, Ei, Milch und Prise Salz zu einem dickflüssigen Teig verrühren. Öl in einer beschichteten Pfanne erhitzen, Teig portionsweise eingießen, dünn verteilen und beidseitig goldgelb backen. Diesen Vorgang so lange wiederholen, bis der Teig aufgebraucht ist. Auskühlen lassen, wie einen Strudel zusammenrollen und in dünne Streifen schneiden. In die Suppenteller geben, heiße Rindsuppe darüber gießen, Schnittlauch darauf streuen.

Backerbsen

80 g Mehl, 1 Ei, 1/8 l Milch, 2 EL Öl, Zucker, Salz, Pflanzenöl zum Herausbacken

Pflanzenöl in einer großen Pfanne gut 2 cm hoch erhitzen. Mehl, Ei, Milch, Salz, eine Prise Zucker, etwas Öl zu einem dickflüssigen Teig versprudeln. Durch ein grobes Sieb direkt in das heiße Fett tropfen lassen und rasch backen. Nie zuviel Teig auf einmal eintropfen lassen. Herausheben, auf einem Küchenkrepp abtropfen lassen, in der Suppe anrichten.

Grießnockerln

60 g Butter, 1 Dotter, 1 Eiklar, 120 g Grieß, 1 Msp. Mehl, Salz, Muskatnuss

Butter vorwärmen, mit Dotter schaumig rühren, salzen und mit etwas Muskat würzen. Eiklar zu Schnee schlagen, mit Grieß und Mehl in die Masse einrühren, eine halbe Stunde im Kühlschrank rasten lassen. Mit zwei Esslöffeln Nockerln aus der Masse formen und in leicht kochendem Salzwasser 8–10 min ziehen lassen.

Was wäre die Suppe ohne Schnittlauch?

Nur die Hälfte wert – davon ist man in Wien überzeugt. Schon seit jeher gilt Schnittlauch als beliebte Würze, die eine Suppe erst dem Appetit würdig macht. So wurde das klassische Küchen-Kräutl zum Symbol für jeden besonders umtriebigen Burschen – wer als „Schnittlauch auf allen Suppen“ bezeichnet wurde, galt als Casanova. Oder zumindest als jemand, der es sich an nichts fehlen lässt und gerne auf allen Kirtagen tanzt.

Kalbseinmachsuppe

1 kg Kalbsknochen oder 1 Kalbsstelze, je 1 Karotte, gelbe Rübe, Petersilienwurzel, 100 g Sellerieknolle, 1 Zwiebel, 40 g Butter, 40 g Mehl, Salz, Pfeffer, Muskatnuss, etwas trockener Weißwein, 1/8 l Obers, 1–2 Eidotter, 1/2 Bund Petersilie, 1 EL Butter

Karotte, Rübe, Petersilienwurzel und Sellerieknolle waschen, putzen, in Stücke schneiden. Knochen oder Stelze mit dem Gemüse, der Petersilie und einer Prise Salz in kaltem Wasser zustellen und langsam 1–1 1/2 Stunden kochen lassen. Inzwischen eine helle Einmach zubereiten: Butter zerlassen, Zwiebel schälen, fein schneiden und darin rösten, mit Mehl stauben. Die Suppe abseihen, eventuell durch ein Sieb passieren. Einmach zur Suppe geben, das Ganze langsam einkochen lassen. Mit Salz, Pfeffer, geriebener Muskatnuss würzen und mit einem Schuss Weißwein abschmecken. Obers und Dotter verrühren, die Suppe mit dieser Mischung binden, mit dem Esslöffel Butter verfeinern.

Als Einlage passen besonders gut

Bröselknödel

10 dag Butter, 1 ganzes Ei, 1 Dotter, 5 altbackene Semmeln, 1/4 l Milch, 1/2 Bund Petersilie, Salz, Muskat, eine Handvoll Semmelbrösel, Pflanzenöl zum Backen (Zutaten für ca. 40 Stück)

Semmeln in Milch einweichen. Petersilie waschen, trocken schütteln, Blätter abzupfen und fein hacken. Butter flaumig rühren und Ei und Eidotter dazugeben. Semmeln ausdrücken, durch ein Sieb passieren, mit Petersilie, Semmelbrösel, Salz und Muskat unter die Butter-Masse mischen und ca. 30 min ruhen lassen. Anschließend mit befeuchteten Händen kleine Knödel formen und diese in heißem Fett goldbraun backen.

Suppen haben in der Wiener Küche eine lange Tradition. Zur Fastenzeit wurden sie besonders häufig gekocht – natürlich in abgespeckter Form ohne Wein und Obers, auch die Mengen an Butter und Eiern wurden gekürzt. An Fastensuppen gab und gibt es neben Erbsen- und Bohnensuppen vor allem die vielen Gemüsesuppen, wie Kraut-, Kohlrabi-, Kohl-, Schwammerl-, Zwiebel-, Lauch-, Sellerie-, Fisolen-, Spinat-, Spargel-, Kochsalat-, Karfiol-, Tomaten- oder Erdäpfelsuppe sowie Kräutersuppen.

WIENER SUPPENTOPF

1 Karotte, 1 Petersilienwurzel, Petersiliengrün, 1 Stange Lauch, 1/4 Sellerieknolle, 1 große Zwiebel, 500 g mageres Rindfleisch, 1 ganzes Huhn (küchenfertig), Salz, Thymian, 2 kleine Lorbeerblätter, einige schwarze Pfefferkörner
EINLAGE: Suppennudeln, Schnittlauch (in Röllchen geschnitten)

Karotte schälen, Petersilienwurzel und -grün waschen und putzen, beides grob zerkleinern. Lauch putzen, längs halbieren, gut waschen, in Stücke schneiden. Alle Zutaten in einen großen Topf geben, mit kaltem Wasser bedecken und so lange kochen, bis das Fleisch weich ist. Vorsichtig abseihen, Hühnerfleisch von Knochen lösen, in kleine Würfel schneiden, ebenso das Rindfleisch. Suppe mit Salz, Pfeffer und eventuell einem Suppenwürfel abschmecken. Suppennudeln in Salzwasser bissfest kochen, mit den Hühner- und Rindfleischwürfeln auf vier Teller verteilen, mit Suppe übergießen, etwas Schnittlauch bestreuen und sofort servieren.

Diese eintopfartige Suppe entstand zu Beginn des Ersten Weltkrieges und wurde „Künstlersuppe“ genannt. In Notzeiten ersetzte man das Huhn durch einen Kohlkopf und gab auch ein paar Erdäpfel dazu – das machte den Eintopf umso nahrhafter.

WIENER ERDÄPFELSUPPE

200 g Erdäpfel (roh und geschält), 1 Zwiebel, 50 g Frühstücksspeck, 100 g Wurzelwerk (Karotten und Sellerie), 4 EL Pflanzenöl oder Butterschmalz, 20 g Mehl, 1 1/4 l Rindsuppe (eventuell Rindsuppenwürfel), Salz, Pfeffer, Majoran, 1 EL Kümmel, 1 Zehe Knoblauch, 1 EL Petersilie, 1 EL gehacktes Selleriegrün, 1 Lorbeerblatt, 10 g Steinpilze (getrocknet), 1 EL Apfel-Essig, 2 EL Sauerrahm

Steinpilze in warmem Wasser einweichen. Die Erdäpfel in Würfel (1 cm) schneiden, Zwiebel, Speck, Karotten und Sellerie in kleine Würfel schneiden. Öl in einem großen Topf heiß werden lassen, Zwiebel, Speck, Karotten, Sellerie darin glasig schwitzen. Mehl unterrühren, kurz anschwitzen, mit Rindsuppe aufgießen, glatt rühren. Mit Salz, Pfeffer, Majoran, Kümmel, zerdrücktem Knoblauch, gehackter Petersilie, Selleriegrün und Lorbeerblatt würzen. Steinpilze aus dem Einweichwasser nehmen, grob hacken, zur Suppe geben. Einweichwasser durch ein Küchentuch seihen, zur Suppe geben. Ca. 15 min kochen lassen, dann die Erdäpfel zugeben und kochen, bis sie gar sind. Sauerrahm einrühren, von der Herdplatte ziehen und mit Salz, Pfeffer und Essig abschmecken.

Knoblauchsuppe

**4–6 Knoblauchzehen, 100 g Zwiebeln, 40 g Butter,
1 1/4 l Salzwasser, 4 kleine Scheiben Schwarzbrot**

Knoblauch und Zwiebeln schälen, fein hacken. Butter in einem Topf zerlassen, Zwiebeln und Knoblauch darin goldgelb anrösten. Mit siedendem Salzwasser aufgießen. Brotscheiben in einen Suppenteller legen, mit der Suppe übergießen.

Im berühmten Kochbuch „Wiener Küche“ von Olga und Adolf Hess (17. Auflage aus dem Jahr 1928) heißt es dazu in einer Fußnote: „Eine bei der ehemals österreichisch-tschechischen Landbevölkerung besonders zur Winterzeit beliebte Suppe, die in Wien wegen ihrer Billigkeit und schnellen Zubereitungsmöglichkeit, aber auch zufolge der seit einiger Zeit wieder eingetretenen Höherbewertung des Knoblauchgenusses für die Erhaltung der Gesundheit starke Verbreitung gefunden hat.“

Wer diese Sparsuppe nicht besonders appetitanregend findet, sollte folgendes Rezept probieren:

40 g Butter, 30 g glattes Mehl, 50 g Zwiebeln, 1 l Rindsuppe (eventuell Rindsuppenwürfel), 1/4 l Sauerrahm, 5 Zehen Knoblauch, Salz, Pfeffer, 3 EL gehackte Petersilie

Knoblauch schälen, pressen. Butter zerlassen, Zwiebeln goldgelb anschwitzen. Mehl unterrühren, ganz leicht bräunen. Knoblauch untermischen, mit heißer Suppe aufgießen, 10 min köcheln lassen. Sauerrahm mit einer Schneerute glatt rühren, Suppe von der Flamme ziehen und Sauerrahm einrühren (mit dem Sauerrahm sollte die Suppe nicht mehr kochen). Mit Salz, Pfeffer und Petersilie abschmecken.

Croutons

3 Scheiben Toastbrot (entrindet), 20 g Butter, 2 Zehen Knoblauch

Butter in einer Pfanne zerlassen, Knoblauch schälen, pressen und zugeben. Toastbrot in kleine Würfel schneiden, zur Knoblauchbutter geben – Vorsicht, dass der Knoblauch nicht braun brät, sonst wird er bitter. Toastbrotwürfel rundum anbraten und in der angerichteten Suppe verteilen.

„Zum Gabelfrühstück gönn' ich mir ein Tellerfleisch, ein Krügerl Bier, schieb an und ab ein Gollasch ein, kann freilich auch ein Bruckfleisch sein. Ein saftiges Beinfleisch, nicht zu fett, sonst hat man zu Mittag sein Gfrett", schrieb der Wiener Dichter Josef Weinheber in seinem Gedicht „Der Phäake". Nirgendwo sonst hat das Gabelfrühstück – was heute den modischen Namen „Brunch" einnimmt – so eine Bedeutung wie in Wien. Wie auch Joseph Richter 1807 in den legendären „Eipeldauer-Briefen", einer populären spätaufklärerischen Volkszeitschrift, bestätigte:
„Das Gabelfrühstück im Gasthof beym Erzherzog Karl (in der Kärntner Straße) (...) hat wirklich mit'n neuen Jahrstag ang'fangen und findt seit der Zeit täglich ein größern Beyfall. Und da kann man öfters noch um 1 Uhr z'Mittag an den Tischen solche Gabelfruhstucker sitzen sehn. Schon im Vorhaus steht in ein gläsern Kasten ein ganze Credenz von kalten Speisen und Torten und g'sulzten Fischen und Pasteten und Austern und Bachereyen. Und da wassern einem die Zähn schon, bevor man noch in die Speisezimmer eintritt."
Franz G. Zenker, Koch beim Fürsten Schwarzenberg und Autor des beliebten Kochbuchklassikers „Nicht mehr als sechs Schüsseln", bemerkte um 1818/20:
„Das Gabelfrühstück ist ein Mahl der jetzigen Zeit und Tagesordnung, wo die Mittagsstunde, wie in Paris, auf sechs und sieben Uhr des Abends verschoben worden ist. Es wird gewöhnlich um ein Uhr Mittag gehalten ... Es sind eigentliche Gastereyen der Junggesellen. Man erscheint en negligee, und bringt seine Portion Witz und gute Laune mit; denn Ungezwungenheit und Jovialität ist der herrschende Ton dieser Gesellschaft. Das schöne Geschlecht wird selten hierzu gebethen."
Klassisch aß man zum Gabelfrühstück ein kleines Gulasch, Rindfleischsalat und Bruckfleisch.

SAFTGULASCH

1 kg Zwiebeln, 1 kg Rindfleisch (Wadschinken), 200 g Schweineschmalz, 1 EL edelsüßer Paprika, Salz, 2 zerdrückte Knoblauchzehen, 1 EL Tomatenmark, 1/2 l Wasser, 1 TL selbst gemachtes Gulaschgewürz (gerebelter Majoran, zerstoßener Kümmel, geriebene Schale einer Zitrone), ein Schuss Essig

Zwiebeln schälen, hacken. Rindfleisch in grobe Würfel schneiden. Das Schmalz in einem großen Topf erhitzen. Zwiebeln unter Rühren auf großer Flamme rösten, bis sie goldgelb (nicht braun) sind. Von der Farbe der gerösteten Zwiebeln hängt die Farbe des Saftes ab. Paprika unterrühren, nur 3 Sekunden durchschwitzen lassen (sonst bekommt das Gulasch einen bitteren Beigeschmack!). Mit einem Schuss Essig und dem Wasser ablöschen. Den Wadschinken zugeben. Eine Prise Salz, zerdrückte Knoblauchzehen, Tomatenmark und Gulaschgewürz zugeben. Ohne Deckel 2–3 Stunden auf kleiner Flamme schmoren lassen. Dabei immer wieder durchrühren, bis das Fleisch kernig-weich ist und das Gulasch eine schöne rotbraune Farbe angenommen hat. Bei zu wenig Flüssigkeit gerade so viel mit Wasser aufgießen, dass ein molliger Saft entsteht.

Mit dem ungarischen Gulyas hat dieses Gericht fast nichts zu tun – außer dem Paprikapulver haben sie nichts gemeinsam. Das ungarische Gulyas ist mehr oder weniger das, was man in Wien als „Gulaschsuppe“ serviert bekommt. Mitte des 19. Jahrhunderts wurde das Rezept für Rinderhirtenfleisch (im großen Suppenkessel gedünstetes Rindfleisch mit ganzen Paprikaschoten, Erdäpfeln, ungebräunten Zwiebeln und Tomaten) über Pressburg nach Wien gebracht. Schnell wurde der deftige Eintopf zur Modeerscheinung, bald entwickelte die Wiener Küche ihre eigene Interpretation.
Es war ein derartiger Erfolg, dass es die Ungarn wieder für sich in Anspruch nahmen, um Verwechslungen vorzubeugen nannten sie es allerdings „Pörkölt“. Multikultureller kulinarischer Austausch, der bis heute funktioniert.
Saftgulasch wird zum Unterschied vom gewöhnlichen Rindsgulasch, wienerisch „Gollasch“ genannt, nicht mit Mehl gestaubt. Das Fleisch soll Wadschinken (in Deutschland „Hesse“) vom vorderen Rind sein – also Fleisch, das nicht zu faserig ist und das von Flachsen durchzogen ist, die für eine sämige geschmacksintensive Sauce sorgen.

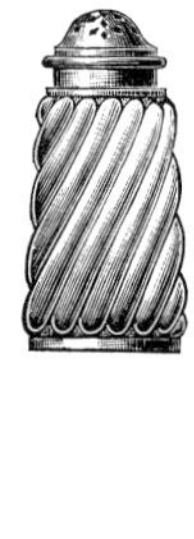

BRUCKFLEISCH

1 kg Innereien (Rindsleber, Milz, Rindsbries, Herz, Zwerchfell), 1 Zwiebel, 60 g Butter, Wurzelwerk (gelbe Rübe, Petersilienwurzel, 1 Stück Sellerie), 1 Knoblauchzehe, 1 Spritzer Apfel-Essig, 1 Lorbeerblatt, 1 Msp. Majoran (getrocknet), 1 TL Thymian (getrocknet), 2 EL Mehl, 1/8 l trockener Rotwein, Rindsuppe, 1/4 1 Blut, 1 EL gehackte Petersilie, Salz, Pfeffer

Fleisch vorbereiten: Herz und Leber blättrig, Kronfleisch in dünne Streifen schneiden. Zwiebel schälen, fein hacken. Butter zerlassen, Zwiebel goldgelb rösten. Wurzelwerk waschen, putzen, grob reiben und kurz mitschwitzen lassen.
Mit einem großen Spritzer Essig löschen. Herz und Zwerchfell zugeben, mit wenig Suppe aufgießen und alles zusammen mit den Gewürzen und Kräutern langsam etwa eine Stunde dünsten lassen. Zuletzt Leber, Milz und Bries beigeben.
Den Sud einkochen lassen, mit Mehl stauben, durchrühren. Blut mit etwas Essig und Wasser verquirlen, zusammen mit Rotwein und Rindsuppe aufgießen und zu einer molligen Sauce einkochen lassen. Mit Salz, Pfeffer und Petersilie abschmecken.

Der Name dieses Gerichts leitet sich von der „Schlachtbruck'n" ab, in deren Nähe man sich aufhalten sollte, wenn man Bruckfleisch kochen möchte.
Marie von Rokitansky („Die Österreichische Küche", 1897) weiß, wovon sie spricht: „Die Zubereitung dieses echten Wiener Gerichtes ist deshalb schwierig, weil gewisse Vorbedingungen gegeben sein müssen. Es müssen die einzelnen Bestandteile noch lebenswarm verarbeitet werden; dies ist nur dann möglich, wenn man in der Nähe des Schlachthauses wohnt."
Auch wenn Innereien heute nicht zum Standardrepertoire der Alltagsküche gehören, so ist dieses Gericht doch fixer Bestandteil der kulinarischen Identität Wiens.

PAPRIKAKARPFEN

1 1/2 kg Karpfen, 5 mittelgroße Zwiebeln, 20 g Butter, 1 EL Paprikapulver, 1 Schuss Weißweinessig, schwarzer Pfeffer aus der Mühle, 1/2 l Sauerrahm, Salz, 1 EL Tomatenmark

Karpfen waschen, putzen, in Stücke schneiden, salzen. Zwiebeln schälen, in Würfel schneiden. Butter in einem großen Topf zerlassen, Zwiebeln darin glasig dünsten. Paprikapulver und Pfeffer zugeben, kurz mitrösten, mit dem Essig ablöschen. Sauerrahm unterrühren. Die Karpfenstücke mit der Haut nach oben in diesen Sud setzen, zudecken und auf kleiner Flamme ca. 20 Minuten dünsten lassen. Die Fischstücke vorsichtig auf eine vorgewärmte Platte heben, die Sauce durch ein Sieb passieren, Tomatenmark unterrühren und abschmecken. Sauce über die Fischstücke gießen und sofort servieren.

FORELLE MÜLLERIN ART

4 Forellen (à 250 g, küchenfertig), 60 g Butterschmalz, 100 g Butter, 2 EL Petersilie (gehackt), Saft von 1 Zitrone, Salz, Mehl

Forellen innen und außen waschen, trocken tupfen. Innen und außen mit Salz einreiben, in Mehl wenden, überschüssiges Mehl abklopfen. Butterschmalz in einer beschichteten Pfanne erhitzen, Forellen beidseitig knusprig anbraten, aus der Pfanne heben. Bratfett abgießen, Butter zugeben und etwaige Bratrückstände mit einem Holzkochlöffel abschaben. Butter aufschäumen lassen, Zitronensaft dazugeben. Forellen auf einem vorgewärmten Teller anrichten, mit der Zitronenbutter übergießen und mit reichlich Petersilie bestreut servieren. Dazu passen Salzerdäpfel und Blattsalat.

PAULANER WÜRSTE

800 g Zander oder Hecht, 3 Semmeln, 1 kleine Zwiebel, 80 g Butter, Salz, weißer Pfeffer, Muskatnuss, 1 Zehe Knoblauch (gepresst), Schale von 1/2 unbehandelten Zitrone, 1/2 TL Majoran (getrocknet), 2 Eier
AUSSERDEM: Semmelbrösel, 1 Ei, 1 TL Öl, etwas Wasser

Zander oder Hecht von Haut und Gräten befreien, in Würfel schneiden.
Die Semmeln in Milch einweichen, gut ausdrücken, durch ein Sieb passieren. Zwiebel fein hacken, in Butter anschwitzen. Fischwürfel mit passierten Semmeln, Salz, Pfeffer, einer Prise geriebener Muskatnuss, Majoran, Knoblauch und Zitronenschale gut vermischen. Die zwei Eier dazuschlagen und zu einer festen Farce verarbeiten. Ist die Masse zu weich, kann man mit Semmelbröseln die gewünschte Konsistenz erreichen. Masse auf einem bemehlten Brett (oder Arbeitsfläche) zu daumendicken Schlangen formen, in etwa 5 cm lange Stücke schneiden. 1 Ei mit 1 Teelöffel Öl und etwas Wasser verquirlen, Würstchen in diese Mischung tauchen und vorsichtig in Semmelbröseln wälzen. In einer hohen Pfanne mindestens daumendick Butterschmalz oder Öl erhitzen, die Würstchen nebeneinander einlegen und etwa 12 min goldfarben backen. Sofort servieren. Dazu wird traditionell Erdäpfelsalat gegessen.

SCHNECKEN AUF ALTWIENER ART

24 Weinbergschnecken (gekocht), 1/8 l Bier, 180 g Mehl, Salz, 2 Eier, 1 Bund Schnittlauch, Schweineschmalz, 2 Zehen Knoblauch, 100 g Butter

Eier in Dotter und Eiklar trennen. Schnittlauch in feine Röllchen schneiden. Aus Bier, Mehl, Salz, Schnittlauch und Dotter einen dickflüssigen Backteig zusammenrühren. Eiklar zu Schnee schlagen, unter den Backteig ziehen. Butter zerlassen, den Knoblauch dazupressen, etwas salzen.
Die Schnecken in der Knoblauchbutter schwenken, mit einer Gabel einzeln in den Backteig tauchen und in heißem Schweineschmalz schwimmend herausbacken.

Meistens wurden die so genannten „schlamperten Schnecken“ mit einer Sauce aus Essig, geriebenem Kren und gehackten Zwiebeln gegessen oder sie wurden mit Butter und gehackten Sardellen gefüllt.

SCHNECKENSALAT

24 gekochte Weinbergschnecken, Sonnenblumenöl, Apfelessig, 2 Eier, 2 Schalotten-Zwiebeln, 2 Sardellenfilets (in Öl), 1 EL Kren, Salz, Pfeffer

Eier hart kochen, abschrecken, schälen und fein hacken. Sardellenfilets mit der Gabel zu einem Mus zerdrücken. Schalotten schälen und fein hacken. Apfelessig, Sonnenblumenöl, Salz, Eier, Schalotten, Sardellen und Kren gut vermischen.
Die Schnecken in feine Streifen schneiden, mit den anderen Zutaten vermischen und mit Brot servieren.

WIENER HERINGSALAT

200 g Heringe (mariniert, filetiert), 2 säuerliche Äpfel (ca. 100 g, z. B. Elstar, Granny Smith, Boskop, Cox Orange), 500 g festkochende Erdäpfel (z. B. Kipfler), 80 g Essiggurken, 60 g gekochte weiße Bohnen, 1 EL Kapern, 1 Zwiebel (ca. 60 g), 1 TL Sardellenpaste, 1/4 l Sauerrahm, Essig, Estragonsenf, Salz, Pfeffer
MAYONNAISE: 1 Eidotter, 1/8 l Pflanzenöl, 1 TL Senf, ein Spritzer Zitronensaft, Salz, Pfeffer

Erdäpfel waschen, kochen, schälen und in 1 cm große Würfel schneiden. Heringe und Essiggurken ebenfalls in ca. 1 cm große Würfel schneiden. Äpfel schälen, entkernen, würfelig schneiden. Zwiebel schälen und fein hacken. Erdäpfel, Essiggurken, Heringe, Apfelwürfel, Zwiebel und Bohnen vermischen.

Mayonnaise rühren: Dotter, Senf, Zitronensaft, Salz und Pfeffer glattrühren. Tropfenweise Öl unter ständigem Rühren einfließen lassen, bis sich die Mayonnaise bindet. Dann kann man etwas mehr Öl zugeben. Rühren bis das Öl aufgebraucht ist, abschmecken. Mayonnaise mit Sauerrahm verrühren, mit Essig, Salz, Pfeffer, Kren, Sardellenpaste und Kapern zu einer pikanten Marinade mischen.
Den Salat durchziehen lassen, nochmals mit Essig oder Zitronensaft, Salz und Pfeffer abschmecken. Zum Servieren wird mit hart gekochten Ei-Vierteln, eventuell etwas Petersilie, ein paar fein gehackten Kapern und fächerförmig geschnittenen Essiggurken verziert.

Eine weitere Variante der klassischen Heringsalats ist die „russische“ mit 2–3 Esslöffeln Kaviar oder mit gekochten, in Würfel geschnittenen roten Rüben. Dieser Salat wird traditionell zum „Heringsschmaus“ am Aschermittwoch gegessen. Das ist der erste Tag der 40-tägigen österlichen Fasten- und der letzte Tag der Faschingszeit. Fisch war seit jeher eine Fastenspeise und so wurde der Heringsalat zum klassischen Aschermittwoch-Essen.

Die Wiener aßen mehr Fleisch und Geflügel als jede andere Bevölkerungsgruppe im Kaiserreich. Täglich würde fast jeder Wiener sein Stück Fleisch verzehren, berichten Reisende des 17. und 18. Jahrhunderts. Obwohl diese Eindrücke mit Vorsicht zu genießen sind – Reisende in dieser Zeit verkehrten hauptsächlich in Adelskreisen und bei reichen Gewerbetreibenden –, zeugen Aufzeichnungen und Kochbücher von der großen Fleischeslust der Wiener.

Wie die historische Forschung zeigen konnte, hatte sich am Fleischverbrauch in den Städten pro Kopf der Bevölkerung seit dem Spätmittelalter nicht viel verändert; für das 16. Jahrhundert sind in Wien Durchschnittsmengen von 100 kg und mehr dokumentiert. In gutbürgerlichen Kreisen aß man zweimal täglich Fleisch, in den Oberschichten ließ man sich pro Mahlzeit sogar mehrere Fleischgänge servieren. Während man heute mit weißen Trüffeln und Gänseleber zu beeindrucken versucht, war das Backhendl im Biedermeier Statussymbol für gehobenes Bürgertum, das gekochte Rindfleisch das der Kleinbürger. Nur die Industriearbeiter nagten am Hungertuch. Der „vierte Stand", wie er genannt wurde, litt unter den ohnehin schon niedrigen Löhnen und der 1829 eingeführten Verzehrungs- und Konsumsteuer – „Blutsteuer des Proletariats" genannt.

Viele verarmte Bauern, mittellose Bürger und entlassene Soldaten kamen nach Wien – oft mit nicht viel mehr als Hoffnung im Gepäck. Hoffnung auf bessere Zeiten. 1840 zum Beispiel erreichten laut Franz Maier-Bruck („Vom Essen auf dem Lande") 20.000 Menschen alleine aus Böhmen die Stadt.

Im Wiener Herz pochen noch heute die verschiedensten Kulturen, die ihre kulinarischen Traditionen und Küchengeheimnisse bis heute bewahrt haben.

Die Wiener aßen hauptsächlich Rindfleisch. Das Rind war einfacher zu füttern als das Schwein, vor allem, weil der Erdapfel noch nicht wirklich verbreitet war.

Aus jeder Ecke des Kaiserreichs wurden Rindviecher heran getrieben – ungarische, galizische, deutsche Mast-, Weide- und Bauernochsen – was dazu führte, dass die Speisekammern der Residenzstadt ein großes und vielseitiges Fleischangebot offerieren konnten.

Doch Fleisch war teuer, dem kleinen Mann zuliebe wurde deshalb das Beilagen-Repertoire zum gekochten Rindfleisch fantasievoll erweitert: Essiggurken, rote Rüben, Erdäpfelsalat, Bohnensalat, grüner Salat, Karotten, grüne Erbsen, Blaukraut, Knödel, Petersilienerdäpfel, Saucen und so weiter und so fort.

Heute ist man bei den Beilagen etwas bescheidener geworden: Zum gesottenen Tafelspitz etwa werden traditionell Rösterdäpfel, Spinat und/oder Dillfisolen, Schnittlauchsauce und Apfelkren serviert.

GEFÜLLTES RINDSFILET

1,5 kg Rindsfilet (im Ganzen), Salz, Pfeffer
FÜLLE: 150 g faschiertes Kalbfleisch, 150 g faschiertes Schweinefleisch, 1 Semmel, Butter, 1 Zwiebel, Paprikapulver, 1 Ei, Obers, 100 g Gänseleber, Petersilie, Salz
SAUCE: 40 ml Öl, 2 EL gehackte Zwiebel, 40 g Mehl, 3/8 l Rindsuppe, 1/4 l Schlagobers

Fülle: Semmel in Milch einweichen, gut ausdrücken, hacken. Zwiebel schälen, fein hacken und in etwas Butter anrösten. Petersilie waschen, trocken schleudern, Blättchen abzupfen und fein hacken. Faschiertes Fleisch mit eingeweichter Semmel, der angerösteten Zwiebel, der Petersilie, Salz, Pfeffer, einer Prise Paprikapulver und dem Ei gut durchmischen.
Lungenbraten der Länge nach aufschneiden bzw. eine Tasche einschneiden. Dann Fülle darauf geben. Gänseleber in dünne, längliche Scheiben schneiden, auf der Fülle verteilen. Fleisch zu einer Roulade einrollen, zusammenbinden und mit Salz und Pfeffer würzen. In heißem Öl rundum anbraten, mit ca. 1/8 l Wasser (oder Rindsuppe) aufgießen und ca. 15 Min bei kleiner Hitze dünsten lassen. Aus der Pfanne heben und warm stellen. Die Zwiebel im Bratrückstand rösten, mit Mehl stauben, durchrösten, mit Suppe aufgießen, Obers einrühren.
Die Sauce kurz einkochen lassen. Den Braten wieder in die Pfanne heben und bei niedriger Temperatur ca. 1 1/2 Stunden schmoren. Zwischendurch immer wieder mit der Sauce begießen.

Besonders Gäste aus dem Ausland stehen dem Begriff „Lungenbraten" etwas differenziert gegenüber. Verständlich, verbindet man damit doch eher Innereien als feines Filet.
Die Hausfrau hatte die Aufgabe, ein teures Stück Fleisch – wie zum Beispiel eine Kalbsbrust, eine Gans oder einen Rostbraten – so ausgiebig wie möglich zu machen. Daraus entstand die Vorliebe für das Füllen, das vor allem Sättigung zum Ziel hatte und billigere Zutaten die Hauptrolle spielen ließ: vor allem eingeweichte Semmeln, Eier, Mehl, Gewürze und Petersilie dehnten das Genusserlebnis aus.
Weit dekadenter waren die exquisiten Füllungen in der barocken Küche, in der Fische, Hühner, Kapaune und Lungenbraten mit Krebsen, Spargeln, Austern, Trüffeln, Sardellen und Kapern gefüllt wurden.

TAFELSPITZ

1 Tafelspitz (ca. 2 1/2 bis 3 kg), 300 g Wurzelwerk (Sellerie, gelbe Rüben, Karotten, Petersilienwurzel), 200 g Zwiebeln in der Schale, 1 Stange Lauch, Liebstöckl, ca. 5 l Wasser, 1 kg Rindsknochen, Meersalz, 5 EL Schnittlauch (in feine Röllchen geschnitten), 15 Pfefferkörner, Salz

Fleisch und Knochen mit kaltem Wasser waschen. Die 5 Liter Wasser in einem großen Topf zum Kochen bringen, Tafelspitz, Knochen, Pfefferkörner einlegen, schwach wallend kochen, man muss mit einer Garzeit von 3–4 Stunden rechnen. Schaum ständig abschöpfen. Zwiebeln halbieren, in der Pfanne an den Schnittflächen sehr dunkel rösten. Wurzelwerk und Lauch waschen, putzen, schälen und in Stücke schneiden. 1 Stunde vor dem Garende das Wurzelwerk, Lauch, Liebstöckl und Zwiebeln beigeben, weiter schwach wallend köcheln lassen. Fertig gegartes, mürbes Fleisch aus dem Topf heben, Suppe mit Salz und Pfeffer würzen, durch ein Sieb seihen. Tafelspitz gegen die Faser in fingerdicke Scheiben schneiden, mit Suppe begießen und mit Meersalz und Schnittlauch bestreuen. Dazu werden traditionell geröstete Erdäpfel, Apfelkren und Schnittlauchsauce serviert, es passen auch Dillfisolen, Cremespinat, Kochsalat mit Erbsen und Kürbisgemüse sehr gut dazu.

Tipp: Auf dieselbe Art kann man auch folgende Rindfleisch-Stücke zubereiten: Hieferscherzel, Hieferschwanzel, mageres oder fettes Meisel, Kruspelspitz, Schulterscherzel, Kavalierspitz oder Beinfleisch.
Eine besonders gute Beilage bekommt man – ungeachtet von Kalorien und Cholesterin –, wenn man Rindermarkscheiben kurz in der heißen Suppe pochiert und das Mark mit Salz und reichlich frisch gemahlenem schwarzem Pfeffer auf knusprig geröstetem Schwarzbrot serviert.

Kaiser Franz Joseph dichtete man gerne eine ausgeprägte Vorliebe für Kaiserschmarren und Kaisersemmeln an – beides serviert man noch heute in vollendeter kulinarischer Nostalgie unter diesem Namen. Die Wahrheit sieht anders aus, denn Franz Joseph war vor allem eines: ein Rindfleisch-Liebhaber. In den Servierkunde-Lehrbüchern der Berufsschulen aus dem Jahr 1912 kann man nachlesen: „Nie fehlt an der Privattafel Seiner Majestät ein gutes Stück gesottenes Rindfleisch, das zu seinen Lieblingsgerichten zählt."
Der Legende nach wurde der Tafelspitz im Hotel Sacher erfunden, und zwar nicht für den Kaiser. Aßen dienende k. u. k. Militärs mit dem Kaiser zu Abend, nahm Seine Majestät den Platz an der Spitze der Tafel ein, wurde als erster bedient und war auch als erster fertig – zum Leidwesen jener, die noch nicht einmal eine Speise serviert bekommen hatten. Die legendäre Anna Sacher hatte Mitleid und ließ für die hungrigen Militärs ein Gericht vorbereiten, das stundenlang leise vor sich hinköcheln konnte und dabei sogar noch besser wurde – den Tafelspitz.

ZWIEBELROSTBRATEN

4 Scheiben Rostbraten (à 120 g–180 g), 40 ml Öl, Salz, Pfeffer, 1 EL Butter, Rindsuppe, 2 Zwiebeln, 1/4 l Pflanzenöl, Mehl

Die Rostbratenscheiben leicht klopfen, Hautränder in Abständen von 1,5 cm kurz einschneiden. Auf beiden Seiten salzen und pfeffern, leicht in Mehl eintauchen und in einer Pfanne mit dem Öl beidseitig rasch braten. Herausnehmen und warm stellen. Das Bratenfett abgießen, etwas Butter aufschäumen lassen, mit der Suppe zu einem Saft verkochen und über den angerichteten Rostbraten gießen. Die Zwiebeln schälen und in Ringe schneiden, mit wenig Mehl stäuben, gut durchmischen und in sehr heißem Öl goldgelb backen. Herausnehmen, abtropfen lassen und auf die angerichteten Rostbraten-Scheiben geben.
Wird eine gute Portion fein gehackter Knoblauch – oft spöttisch „die Vanille des kleinen Mannes" genannt – mitgedünstet, heißt das Gericht „Vanillerostbraten".

Zubereitungsarten wie Roastbeef, Beefsteak, Bœuf à la mode wollten im alten Wien nicht so recht Fuß fassen, man bekam sie hauptsächlich in Gasthäusern, die Hausfrau ließ die Finger davon. Sie hingegen bereitete den Rostbraten in verschiedenen Formen und Geschmacksrichtungen zu, in Altwiener Kochbüchern werden ihm manchmal ganze Kapitel gewidmet. Der Rostbraten der „Schönen Sklavin", einem Gasthaus in Erdberg, war in ganz Wien berühmt: Er war „weich wie Butter, unmenschlich groß und ohne Bein", schwärmen Franz Xaver Gewey und Karl Meisl in ihrem Buch „Wien mit seinen Vorstädten humoristisch geschildert". Der Rostbraten hatte auch einen sehr berühmten Anhänger: Kronprinz Rudolf, Sohn von Kaiserin Elisabeth und Kaiser Franz Joseph, der seine Geliebte Mary Vetsera im Jänner 1889 im Jagdschloss Mayerling erschoss und sich dann selbst das Leben nahm, aß mit Mizzi Caspar, der „Grand Cocotte" von Wien, oft am Abend im Haus von Bratfisch, seinem Fiaker, Hausmannskost, am Freitag zum Beispiel gab es Blutwurst mit Sauerkraut und am Dienstag einen Zwiebelrostbraten.

MASCHINROSTBRATEN

4 Stück Rostbraten (à 150 g), 1 EL Schweineschmalz (ersatzweise: Pflanzenöl), 1 Zwiebel, Paprikapulver, 1 TL Senf, 5 Kapern, 2 Essiggurken, 1 TL Schale einer unbehandelten Zitrone, 1/8 l Sauerrahm, 1/8 l Rindsuppe, Salz, Pfeffer, Petersilie

Rostbraten leicht klopfen, an den Rändern im Abstand von ca. 1,5 cm kurz einschneiden. Mit Salz und Pfeffer einreiben, in Mehl wenden, überschüssiges Mehl abklopfen. Rostbraten in heißem Schmalz (bzw. Öl) nacheinander kurz anbraten und warm stellen. Zwiebeln schälen, fein hacken, im in der Pfanne verbliebenen Bratfett goldgelb anrösten. Paprika und Senf beigeben, Kapern fein hacken und zugeben, Essiggurken in feine Würfel schneiden und untermischen, Petersilie und geriebene Zitronenschale dazugeben. Alles kurz anschwitzen lassen. Sauerrahm mit der Schneerute untermischen, mit der Suppe zu einer dünnen Sauce aufgießen, die Rostbratenstücke einlegen und zugedeckt weich dünsten. Als Beilage geschnittene Essiggurkerln und goldgelb gebratene, geviertelte Erdäpfel servieren.

GEBACKENES RINDFLEISCH

600 g gekochtes Rindfleisch, Salz, Pfeffer, 2 EL Zitronensaft, Mehl, 2 Eier, 80 g Semmelbrösel, Butterschmalz

Übrig gebliebenes gekochtes, kaltes Rindfleisch in fingerdicke Schnitten schneiden, salzen und pfeffern, mit Zitronensaft beträufeln. Eine halbe Stunde ziehen lassen. Dann klassisch panieren: mit Mehl bestäuben, in verquirlten Eiern wenden und mit Semmelbröseln rundum bedecken. In heißem Schmalz schwimmend hellbraun backen.

GEDÜNSTETER OCHSENSCHLEPP

1,5 kg Ochsenschlepp (dicker Teil, in Scheiben geschnitten), 80 g Schweineschmalz, 200 g Wurzelwerk, 150 g Zwiebeln, 60 g Paradeismark, 50 g Mehl, 1/4 l Rotwein, 1 l Rindsuppe, 5 EL Öl, Saft und Schale einer Zitrone, 60 g Preiselbeeren, Salz, Pfeffer, 2 Lorbeerblätter, 1 Msp. Thymian, 3 Knoblauchzehen, 2 TL Stärkemehl, ca. 1/16 l Rotwein für die Sauce

Ochsenschlepp bei den Gelenken durchschneiden. Schmalz erhitzen, Ochsenschlepp salzen, pfeffern und auf allen Seiten stark braun anbraten, aus der Pfanne heben. Die Zwiebeln schälen, grob hacken, das Wurzelwerk putzen, waschen und in Würfel schneiden. Zwiebeln und Wurzelwerk im Bratrückstand rösten, Paradeismark zugeben und kurz mitrösten.
Mit Mehl stauben, durchrühren. Ochsenschleppscheiben wieder in die Pfanne geben, mit Wein und Suppe aufgießen, dass alles gerade bedeckt ist. Preiselbeeren und alle Gewürze dazugeben und zugedeckt 2 1/2 bis 3 Stunden dünsten (im Backrohr oder auf dem Herd). Wenn das Fleisch weich ist, löst es sich vom Knochen. Ochsenschlepp herausnehmen, das Stärkemehl zuvor mit dem Rotwein glatt rühren, zur Sauce geben und kurz einkochen lassen.
Durch ein feines Sieb passieren, abschmecken. Die Ochsenschleppscheiben mit der Sauce passieren.
Dazu passen am besten Semmelknödel oder Teigwaren, Karotten, Kohlrabi, Kohlsprossen oder Champignons.

Früher wurde das Fleisch vor dem Braten 24 bis 30 Stunden in eine Beize aus in Wasser gekochten Suppenwurzeln, Zwiebeln, Lorbeerblatt, Thymian, Zitronenschale, etwas Zucker, 1 Teelöffel Rum und einem Glas Wein gelegt.

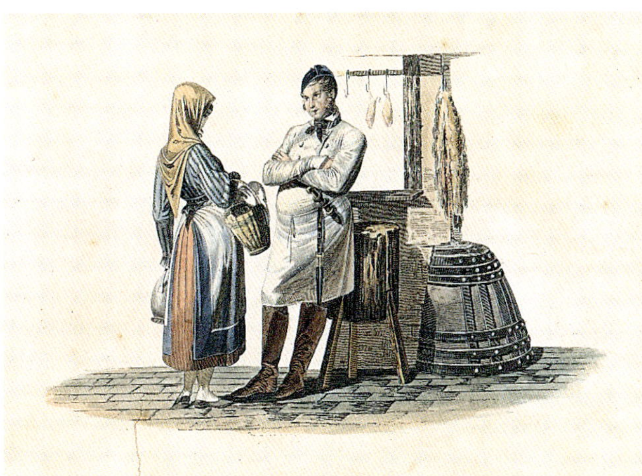

WIENER SCHNITZEL

4 Kalbsschnitzel (Kalbsnuss, ca. 500 g), Salz, glattes Mehl, 2 Eier, etwas Öl, 1 EL Milch, Semmelbrösel, Schmalz oder Öl

Schnitzel nicht zu dünn schneiden, an den Rändern einschneiden, mit Klarsichtfolie bedecken und gut klopfen, beidseitig salzen (im Normalfall sollten sie 6 mm stark sein). Zum Panieren die Zutaten vorbereiten: Mehl auf einem Teller bereitstellen, Eier mit Öl und Milch mit einer Gabel, am besten in einem Suppenteller, verquirlen, Brösel auf einem Teller verteilen. Schnitzel auf beiden Seiten bemehlen, in die Ei-Mischung tauchen und in Bröseln beidseitig panieren (nicht zu fest andrücken). Schmalz in einer tiefen Pfanne heiß werden lassen und die Schnitzel auf beiden Seiten schwimmend herausbacken.

Ein naher Verwandter des Wiener Schnitzel ist unverkennbar das italienische „Cotoletta alla milanese". Die goldgelbe Panier ist eine Gemeinsamkeit, die historisch verbindet. Es war nämlich in Byzanz, dem alten Konstantinopel, wo man plötzlich auf die Idee kam, Fleisch mit Goldplättchen zu panieren, um seinen Wohlstand unübersehbar zur Schau und zu Tisch zu tragen. Die Italiener – ihres Zeichens Erzrivalen der Byzantiner – übernahmen die kulinarische Modeerscheinung samt ihrer Dekadenz, wurden nur leider von den spätmittelalterlichen Hungersnöten gebremst. So machte man aus der Not eine Tugend, aus der Goldpanier Semmelbrösel. Feldmarschall Radetzky, von 1850 bis 1856 Generalgouverneur im lombardo-venezianischen Königreich, war selbst von der Billig-Variante dermaßen beeindruckt, dass er das Schnitzel Mitte des 19. Jahrhunderts nach Wien brachte. Bevor das goldgelbe Genussmittel in Wien Fuß fassen konnte, wurde es interessanterweise zuerst im österreichischen Weinviertel populär, wo es als „goldenes Schnitzel" bei bäuerlichen Hochzeiten serviert wurde.
Die Wiener Küche kannte allerdings schon lange panierte Gerichte und es kursiert eine weitere Theorie, die besagt, dass andere Zufälle zum Wiener Schnitzel geführt haben könnten. Kochbücher des 18. und 19. Jahrhunderts belegen, wie lange es gebraucht hat, bis der Begriff „Wiener Schnitzel" sich durchsetzte – länger als ein halbes Jahrhundert.
Heute ist das Wiener Schnitzel der VIP der österreichischen Küche – wahrscheinlich berühmter als der Stephansdom und beliebter als das Riesenrad.

KALBSFRIKASSEE (EINGEMACHTES KALBSFLEISCH)

750 g Kalbsschulter (ausgelöst), Salz, 1 TL Pfefferkörner, 150 g Wurzelwerk (Karotten, gelbe Rüben, Sellerieknolle), 1 Zwiebel, 2 Gewürznelken, 60 g Mehl, 50 g grüne Erbsen, 1/2 Karfiol, 200 g Champignons, 20 g Butter, 20 g Mehl, 1 Eidotter, 1/2 l Schlagobers, Zitronensaft, Petersilie, Muskatnuss

Fleisch waschen, in grobe Würfel (ca. 3 cm) schneiden. Wurzelwerk putzen, waschen, in Würfel schneiden. Gewürznelken in die Zwiebel stecken. Fleisch mit Salz, Pfefferkörnern, Wurzelwerk, dem Karfiol, der Zwiebel und kaltem Wasser übergießen (Fleisch sollte knapp bedeckt sein), weich kochen.
Wenn das Wurzelwerk weich ist, in 1 cm große Würfel schneiden. Fleisch aus dem Sud heben. Karfiol waschen, putzen, in Röschen teilen. Champignons putzen, vierteln. Karfiol, Champignons, Erbsen im Sud bissfest kochen, aus dem Sud heben. Inzwischen Mehl in heißer Butter anschwitzen, mit dem Sud aufgießen, sodass eine sämige Sauce entsteht. Das würfelig geschnittene Wurzelwerk, den Karfiol, die Erbsen und Champignons in die Sauce geben, fein gehackte Petersilie untermischen. Die Zwiebel entfernen. Fleischstücke in die Sauce geben und ziehen lassen. Zuletzt Dotter mit dem Obers verrühren und damit die Sauce binden, mit Zitronensaft und geriebener Muskatnuss abschmecken. Mit gehackter Petersilie bestreut anrichten. Als Einlage passen Mark- oder Bröselknödel bzw. Reis.

GEBACKENES LAMM

750 g Lammfleisch (Schulter, Brust oder Hals), Salz, glattes Mehl, 2 Eier, Milch, 1 EL Öl, Semmelbrösel, frischer Rosmarin nach Geschmack, 2 Zitronen, Petersilie, Pflanzenöl zum Herausbacken

Das Fleisch waschen, trocken tupfen. Hals und Schulter von Knochen befreien, die Bruststücke samt Knochen teilen. Auf jede Portion sollen drei Fleischstücke kommen. Fleisch in größere Stücke schneiden, großzügig salzen, mit etwas frischem Rosmarin (gehackt) würzen. Panier vorbereiten: Mehl auf einen Teller geben, die Eier mit der Milch und dem Öl am besten in einem Suppenteller verquirlen, Semmelbrösel auf einem Teller verteilen. Lammfleischstücke nun einzeln panieren: zuerst in Mehl wenden, dann in die Ei-Mischung tauchen, zuletzt rundum mit Bröseln bedecken. In heißem Öl langsam backen.
Aus dem Fett heben, auf Küchenkrepp abtropfen lassen.
Mit Zitronenspalten und Petersilie garniert servieren.

Lammfleisch hatte in der Wiener Küche des 18. und 19. Jahrhunderts eine größere Bedeutung als heute. Das belegen auch Kochbücher aus der Zeit, wo auf das Rind- und Kalbfleisch-Kapitel stets Rezepte mit Schaf und Lamm folgten. Erst danach kamen Gerichte mit Schweinefleisch.

Die Knödelköchin

Schweinefleisch leidet heute weitgehend unter Imageproblemen, doch schon damals straften es einige der bürgerlichen Kochbuch-Autorinnen mit Missachtung. Bei typischen Speisen mit Schweinefleisch gaben sie es lediglich als Nebenbemerkung zum Gemüse an und führten dafür ausführlich das Gemüserezept aus.
Der Respekt vor Schweinefleisch begründete sich in der Angst vor dem Trichinenbefall. Die einfachen Arbeiter, das „Proletariat", konnten sich nichts anderes leisten, wenn sie Lust auf Fleisch hatten. Sie genossen ausgiebig allerlei vom Schwein – der „Bauernschmaus" im Beisl, mit Würsten, einem Stück Geselchtem, einem Stück Schweinsbraten, Knödel und Sauerkraut, sowie die Vorliebe des Wieners für den Schweinsbraten bestätigen diese Gewohnheiten.

SCHWEINSBRATEN

2 kg Schweinsbraten (Schopfbraten, Schlegel oder Karree), 2 EL Salz, 1 EL Kümmel, 3 Zehen Knoblauch

Backrohr auf 120 °C vorheizen. Knoblauch pressen, mit Kümmel und Salz zu einer Paste mischen. Den Schweinsbraten damit großzügig einreiben. Braten in einen Bräter legen und im Ofen 3 Stunden braten, zwischendurch immer wieder mit ausgetretenem Bratensaft begießen. 10 min vor Garende den Grill dazuschalten und die Temperatur auf 180 °C erhöhen, damit der Braten außen knusprig wird. Mit dem ausgetretenen Bratensaft („Bratlfett'n") – der im erkalteten Zustand auf Schwarzbrot gestrichen wird –, Semmelknödeln und gedünstetem Kraut („warmer Krautsalat") servieren.

Der Schweinsbraten gehört auch, ob warm oder kalt, zum traditionellen Heurigenbuffet. Doch nicht nur in Wien, sondern in ganz Österreich ist der Schweinsbraten Teil der festlichen Tafel.

Den Versen des Dichters Anton Wildgans, der den Schweinsbraten als österreichisches kulinarisches Heiligtum in seinem epischen Gedicht „Kirbisch" literarisch verewigte, kann man eigentlich nichts hinzufügen:

„Brutzelnd, brätelnd und braun vom prasselnden Brande des Bratherds,
Prangte die prächtige Schnitte, verbrämt mit der breitesten Borte,
Schwellenden Rückenfetts von der helleren Farbe des Bernsteins.
Riesig ragte die Rippe, umrillt von der weißen Manschette,
Über den Rand des Ovals, indessen das knusprig gebratne
Fleisch, das unter der Kruste die zarteste Faserung aufwies,
Herrlich vom kümmel- und knoblauchgesättigten Safte umspült war."

SCHOPFBRATEN

750 g Selchschopfbraten, 1 Zwiebel, Petersilie, Pfeffer, 1/8 l Weißwein, 1 EL Essig, 3–4 EL Wasser, 3–4 alte Semmeln, 40 g Butter, 1/2 Bund Schnittlauch

Selchschopfbraten vom Knochen lösen, in ca. 1 cm dicke Scheiben schneiden. Die Scheiben halbieren, kurz in kaltes Wasser tauchen, abtropfen lassen. Die Scheiben schindelartig in eine großen Pfanne schlichten. Zwiebel schälen, fein hacken. Petersilie waschen, trocken schleudern, Blätter abzupfen, fein hacken. Zwiebel, Petersilie und etwas Pfeffer über die Schopf-Scheiben streuen, mit Wein, Essig und eventuell etwas Wasser übergießen, zugedeckt langsam weich kochen. Der Saft sollte leicht sirupartig-pikant werden. Semmeln in Scheiben schneiden, auf einem Backblech aufbreiten, mit flüssiger Butter beträufeln und im Rohr rösten. Die Hälfte des Fleisches in einer breiten Schüssel anrichten, die Semmelscheiben darauf verteilen, das restliche Fleisch einschlichten und alles mit dem Fleischsaft überziehen. Schnittlauch waschen, trocken schleudern, in feine Röllchen schneiden und darüber streuen. Mit Salzerdäpfeln servieren.

GEBRATENES SELCHFLEISCH

1 kg Selchkarree, 50 g Pflanzenöl, 1/8 l Sauerrahm

Öl sehr heiß werden lassen, Selchkarree darin anbraten, Hitze reduzieren, eine Stunde weiter braten. Zwischendurch öfters Wasser zugießen. Fleisch herausheben, warm stellen. Bratensaft entfetten, mit dem Rahm vermischen und kurz aufkochen. Karree in Scheiben schneiden, mit der Sauce übergießen und sofort servieren.

TELLERSULZ

**400 g Schweinsschulter, 4 entzwei gehackte Schweinsfüße,
2 l Wasser, 1/8 l Essig, Salz, 8 Pfeffer-, 4 Gewürzkörner
WURZELWERK: 1/2 Petersilienwurzel, 1/2 gelbe Rübe, 1/2 Sellerieknolle
1 EL Pfefferkörner, 1/2 Zwiebel, 1/2 Lorbeerblatt, Majoran,
Thymian, Ingwer, 1 Knoblauchzehe, Essig, Öl, Zwiebel, Kren**

Schweinsschulter und Schweinsfüße mit dem grob geschnittenen Wurzelwerk, Essig, Salz und Gewürzen in einen Topf geben, mit Wasser knapp bedecken, aufkochen lassen. Hitze reduzieren, langsam weich kochen. Das Fleisch aus dem Sud nehmen, in kleine Stücke schneiden und auf Suppenteller legen. Den Sud abseihen, Fett abschöpfen und über die Fleischstücke gießen. Kalt stellen und gelieren lassen. Vor dem Servieren die Sulz mit einer Marinade aus Essig, Öl, fein gehackten Zwiebeln übergießen und mit Kren bestreuen.

TOPFENHALUSKA

350 g Nudelteig (ersatzweise: fertige Lasagne-Blätter), 250 g Bröseltopfen (trockener Topfen, ist Bröseltopfen nicht erhältlich: normalen Topfen in einem Tuch über einer Schüssel über Nacht hängen und austropfen lassen), 120 g Speck (geräuchert), 100 ml Sauerrahm, Salz, schwarzer Pfeffer aus der Mühle

Nudelteig in ungleich große Stücke schneiden oder reißen (Lasagne-Blätter in Stücke brechen), in Salzwasser bissfest kochen. Speck in mittelgroße Würfel schneiden, in einer Pfanne ohne zusätzlichem Öl ausbraten. Aus der Pfanne heben, warm stellen. Teigstücke im verbliebenen Fett schwenken, mit Salz und Pfeffer würzen, Sauerrahm unterrühren. Topfen mit den Händen darüber bröseln, alles gut durchmischen, 2 min durchziehen lassen, nochmals nachwürzen und mit den Speckwürfeln bestreut servieren. Dazu passt grüner Salat.

WIENER WÜRSTE

Die Kriege gegen Napoleon, die Bankozettelwirtschaft und der Staatsbankrott von 1811 nährten bei den Wienern die Sehnsucht nach einem knusprigen Braten. Fleisch und Wild waren viel zu teuer geworden, selbst für die Oberschicht war ein einfaches Schnitzel plötzlich etwas Besonderes. „Die Menschheit war genötigt, ein billiges Surrogat für Braten zu suchen", schrieb der bekannte Wiener Autor Friedrich Schlögl 1882. Die Not ist eine Meisterin, wenn es darum geht, erfindungsreich zu sein.

Durri, durri! („Harte, Harte!"), priesen die „Salamucci", die italienischen Salamiverkäufer, im barocken Wien ihre Ware an. Ihr Ruf ist freilich längst verklungen, doch die Wurst ist Teil der kulinarischen Kultur der Stadt geworden.

Für Wurstwaren wurden hauptsächlich Rind- und Schweinefleisch, aber auch Kalbfleisch verwendet. In den zwanziger und dreißiger Jahren des 19. Jahrhunderts gab es alles in allem

nur acht Wurstsorten: Selchwürste (kleine und große) zu fünf und sieben Kreuzer, die Cervelade („Savaladi"), die Extrawurst, Bratwurst, Leberwurst, Blutwurst, die familiäre Augsburger und die vulgäre Presswurst. Später kam noch die Knackwurst hinzu (in abgebundenen Teilstücken, das Abbrechen vom Kranz rief einen leichten Knacks hervor – daher der Name der Wurst).

Doch bereits 50 Jahre später hatten die Fleischhacker ihre Vitrinen aufgerüstet und boten mehr als 20 Wurstsorten an – darunter echte und auch in Simmering erzeugte Nürnberger, Braunschweiger, Gothaer, Debreziner, rheinische und polnische Würste.

Ein bemerkenswerter Mann, der einer Wurst Weltruhm verschafft hat, war Johann Lahner, der 1804 nach Wien kam und an der Ecke der Altlerchenfelder Hauptstraße im Haus Nr. 56, „Zu Mariahilf" genannt, die ersten „Lahner'schen Würstel" herstellte. Später gab er seiner Kreation den Namen „Frankfurter Würstel", die außerhalb Wiens „Wiener Würstchen" genannt wurden.

Der Donnerstag und Freitag jeder Woche wurde in den Gasthäusern zu Wursttagen erklärt, manche Wirte boten ihren Gästen sogar hausgemachte Würste an – vor allem jene Betriebe, die an eine Fleischhauerei angeschlossen waren.

Die Wurst erlebte eine kurze Krise, als sich der Mittelstandsbürger gierig beim neuartigen „Gollasch" bediente, es dauerte aber nicht lange, bis er zur Wurst zurückkehrte. Er aß trotzdem noch Gulasch und fand Platz für beides.

Einen besonderen Stellenwert nahmen die Würste in der Feiertagskultur Altwiens ein. So wurde am Heiligen Abend den ganzen Tag gefastet, um am Abend vor der Mette bei voll gedeckter Tafel so richtig zupacken zu können: „Da geht's Fressen und Saufen an, als wäre man auf dem letzten Faschingsball." Auch in der *Bildergalerie katholischer Missbräuche* (1784) beschwerte sich die Frömmigkeit: „Kaffee- und Methäuser, Wein- und Bierschenken strotzen von andächtigen Christen, die sich, jeder nach seiner Art, zu der Mette vorbereiten." Diese Art „Vorfeier" zur Mette nannte man „Sabbathindel", was so viel wie Abendunterhaltung bedeuten soll. Vor allem Menschen aus der Vorstadt waren hungrig auf Unterhaltung und auch anderes: „Weil mich gar so g'fror'n hat, so bin ich in ein Wirtshaus 'gangen, das noch offen g'wesen ist, und da hab' ich den ganzen Tisch voll Fiaker g'funden, und die hab'n bei Bratwürsten und Krenfleisch ihr Sabbathindl g'halten, und die hab'n g'soffen und g'fressen, trotz unsern gnädigen Herrn", berichten 1799 die „Eipeldauer-Briefe".

FASCHIERTER BRATEN

300 g faschiertes Rindfleisch (z. B. vom Zapfen), 300 g faschiertes Schweinefleisch (z. B. Schopfbraten oder Schulter), 2 Semmeln, etwas Milch, 60 g fein gehackter, durchwachsener Speck, 1 Ei, Salz, Pfeffer, Majoran, 1 Zwiebel, 1 TL Butter, 2 EL Petersilie (fein gehackt), gehackter Kümmel, 1 Zehe Knoblauch, 3 EL Schlagobers, Semmelbrösel, 100 g Butter, 1/4 l Sauerrahm, eventuell 200 ml Rindsuppe zum Aufgießen, 1 TL Senf, Zitronensaft

Backrohr auf 200 °C vorheizen. Semmeln in Milch einweichen, gut ausdrücken und durch ein Sieb passieren. Fleisch und die Semmelmasse gut vermischen (am besten mit den Händen). Zwiebel schälen, hacken, in der Butter goldgelb rösten. Fleisch mit Speck, Ei, Salz, Pfeffer, Majoran, Kümmel, der gerösteten Zwiebel, Petersilie, zerdrücktem Knoblauch und Obers gut verrühren. Masse auf einem Brett (oder der Arbeitsfläche) mit Semmelbröseln zu einer Rolle formen. Butter zerlassen. Braten in einer Kasserolle mit der Butter übergießen und im Ofen 50–60 min braten, eventuell mit der Rindsuppe mehrmals aufgießen. 10 min vor Ende der Garzeit Braten herausnehmen, mit glatt gerührtem Sauerrahm bestreichen und wieder in den Ofen schieben, es bildet sich eine weiche Kruste. Den Braten aus dem Ofen nehmen, vorsichtig aus der Kasserolle heben und warm stellen. Den Bratensaft mit Mehl und Senf verrühren, mit etwas Zitronensaft abschmecken, einmal kurz aufkochen lassen.

Varianten: In ein Schweinsnetz gehüllt wird er zum „Netzbraten" (so bleibt er saftiger), in Form eines Hasenrückens zum „Falschen Hasen" und mit hartgekochten, ganzen Eiern und Essiggurken gefüllt zum „Stephani-Braten". Aus der gleichen Masse kann man auch „Faschierte Laibchen" formen, die in Deutschland „Buletten" und in Amerika „Hamburger" genannt werden. In Wien serviert man sie traditionell mit Erdäpfelpüree, darauf werden in Öl geröstete Zwiebelringe angerichtet.

Faschiertes war in der städtischen Hausmannskost sehr beliebt, nicht nur, weil es gut schmeckt, gut vorzubereiten und einfach auf die Wiese zum Picknick transportiert werden konnte – sondern auch, weil es in kargen Zeiten gut zu strecken war. Manchmal gab man noch mehr altbackenes Weißbrot dazu, manchmal auch Reis oder Brösel.

KRAUTROULADEN

FÜLLE: 600 g Faschiertes (2/3 Rind-, 1/3 Schweinefleisch), 1 Semmel, 2 Knoblauchzehen, 1 Ei, 1 Zwiebel, etwas Butter, 3 EL Petersilie (gehackt), Salz, Pfeffer, 1 Kopf Weißkraut, 80 g Fett, 8 Scheiben Frühstücksspeck, 1/4 l Suppe, 1/4 l Sauerrahm, Butter zum Ausstreichen

Backrohr auf 200 °C vorheizen. Zuerst die Fülle vorbereiten: Die Semmel einweichen (in Milch oder Wasser), ausdrücken und durch ein Sieb passieren. Zwiebel schälen, fein schneiden und in etwas Butter andünsten. Faschiertes mit der passierten Semmel, dem Ei und der Zwiebel vermischen, mit Petersilie, Salz und Pfeffer würzen. Etwas abkühlen lassen.

Vom Weißkraut den Strunk und die äußeren Blätter entfernen, den Kopf etwa 10 min in Salzwasser kochen. 8 große Blätter ablösen, in kaltem Wasser abschrecken. Die großen Rippen wegschneiden oder flach klopfen. Die restlichen Blätter des Krautkopfs fein nudelig schneiden, in eine ausgebutterte Auflaufform geben. Die 8 Blätter flach auflegen, salzen und pfeffern. Faschierte Fülle auf die Mitte der Krautblätter verteilen, einmal einrollen, Enden der Krautblätter umbiegen, weiterrollen. Auf das nudelig geschnittene Kraut in der Auflaufform legen, die Speckscheiben darauf legen, die Suppe dazugießen und im Ofen ca. 40 min dünsten. Sauerrahm mit dem Schneebesen aufrühren, über die Rouladen gießen und weitere 10 min garen. Mit Salz und Pfeffer abschmecken und servieren.

Tipp: Man kann die Fülle auch mit etwas gekochtem Reis strecken.

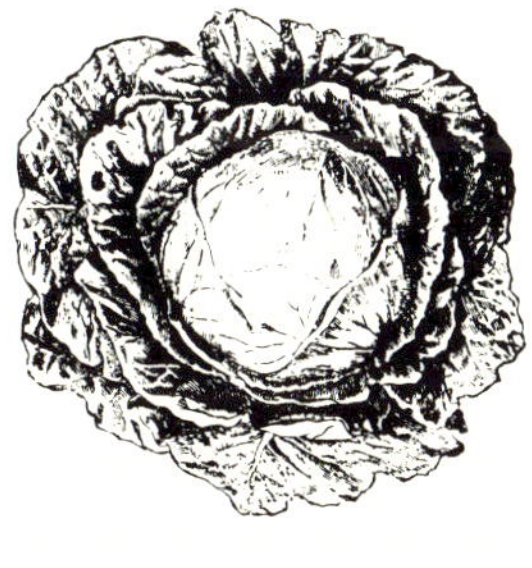

ÜBERBACKENE SCHINKENFLECKERLN

200 g Fleckerl-Nudeln, 50 g Butter, 2 Dotter, 2 Eiklar, 250 g Schinken, 1/4 l Sauerrahm, Salz, Pfeffer, Muskatnuss, Butter zum Befetten der Form, Brösel

Backrohr auf 180 °C vorheizen. Fleckerln in reichlich kochendes Salzwasser geben und kernig kochen (6–8 Min), abseihen, abtropfen lassen. Inzwischen Butter schaumig rühren, Dotter nach und nach dazurühren, mit Salz, Pfeffer und Muskatnuss würzen. Schinken in Würfel schneiden (ca. 0,5 cm groß), mit den abgetropften Fleckerln zur Butter-Dotter-Mischung geben. Sauerrahm untermischen. Eiklar zu Schnee schlagen, unter die Nudeln heben.
Eine Auflaufform mit Butter ausstreichen, mit Bröseln bestreuen. Nudeln in die Form füllen, glatt streichen und im Ofen ca. 45 min backen (die Oberfläche soll knusprig-braun sein). In Portionen teilen und mit grünem Salat servieren.

Tipps: Man kann die Schinkenfleckerln auch mit 50–80 g geriebenem Parmesan pikant abschmecken, und vor dem Einfüllen in die Auflaufform unter die Nudeln mischen. Auch Kräuter (Petersilie, Schnittlauch) passen sehr gut dazu. Fertig gebackene Schinkenfleckerln lassen sich übrigens sehr gut in der Mikrowelle aufwärmen. Statt Schinken kann man dieselbe Menge gekochtes Selchfleisch verwenden.

Gegen die Konkurrenz aus Italien haben es die österreichischen Nudeln immer schwer gehabt. In Kärnten haben „Kasnudeln“ lange Tradition, in Tirol gehören die „Schlutzkrapfen“ zum fixen Repertoire der regionalen Küche – doch gegen Penne, Fusilli, Spaghetti, Ravioli und Tagliatelle, die ein paar Kilometer südlich zur kulinarischen Kultur gehören, konnten die österreichischen Nudeln nie gewinnen. Dabei gab es die Wiener Suppennudeln schon bevor Marco Polo von seinen Reisen mit wundersam gefüllten Taschen zurückkehrte. Das behaupten zumindest die Wiener Wirte, die bis heute ihr Territorium im Pasta-Panoptikum verteidigen – mit dem Altwiener Suppentopf und überbackenen Schinkenfleckerln.

BACKHENDL

2 junge Hühner (je ca. 1,5 kg, küchenfertig), Salz, Mehl, 3 Eier, Semmelbrösel, Öl zum Herausbacken, 1 Handvoll Petersilienblätter, 2 Zitronen

Huhn am besten vom Geflügelhändler in vier Teile hacken lassen, Rückgrat und Hals müssen entfernt werden. Die Innenseite der Keulen bis zum Knochen einschneiden (so garen sie besser durch). Hühnerteile kräftig salzen, in Mehl wenden, in verquirlten Eiern und zuletzt in Semmelbröseln panieren. Reichlich Öl in einer Pfanne heiß werden lassen und die Hühnerteile sofort schwimmend goldgelb backen. Aus dem Öl heben, auf Küchenkrepp abtropfen lassen. Zum Schluss frische Petersilie ebenfalls ins heiße Öl geben und knusprig backen, auf Küchenkrepp abtropfen lassen und mit den Hühnerteilen und Zitronenvierteln anrichten. Dazu wird traditionell Erdäpfelsalat serviert.

Tipp: Man kann das Backhuhn auch auslösen und wie Schnitzel backen.

Im 18. und 19. Jahrhundert galt das Backhendl als die Wiener Spezialität schlechthin. Schwärmerische Nacherzählungen des Backhendl-Genusses in Briefen zeitgenössischer Reisender beweisen seine Rolle in der Wiener Küche. Historische Aufzeichnungen belegen diese kulinarische Vorliebe der Wiener mit 22.000 Backhühnern pro Jahr, die alleine in den zwei Wirtshäusern „Wilder Mann“ und „Paperl“ im Prater verzehrt wurden. Am Pfingstsonntag, dem traditionellen Firmungstag, wurden 1852 im Prater 12.000 Hühner und 4000 junge Gänse gegessen.

Heute ist das Lager der Freunde des Backhuhns gespalten, getrennt durch ein Stück Haut. Die Traditionalisten berufen sich auf die althergebrachte Zubereitungsart mit der Haut, in alten Kochbüchern wurde das panierte Geflügel nicht umsonst „Huhn im Schlafrock“ genannt. Anhänger der feineren und leichten Küche verzichten auf die Hühnerhaut. Zu Recht, will man meinen, verstecken sich darin doch die meisten Kalorien, da das meiste Fett in der Haut steckt. Das Backhendl gelingt so zarter und weniger derb.

GRENADIERMARSCH

400 g festkochende Erdäpfel, 300 g Bandnudeln, 200 g Wurst (z. B. Extrawurst), gekochtes Rindfleisch oder Leberkäse, 100 g Räucherspeck, 100 g Zwiebeln, Salz, schwarzer Pfeffer, 1/2 TL Majoran (getrocknet), 60 g Butter

Erdäpfel in Wasser mit der Schale weich kochen. Wurst bzw. Rindfleisch oder Leberkäse sowie Speck in kleine Würfel schneiden. Zwiebeln schälen, in Scheiben schneiden. Butter in einer beschichteten Pfanne zerlassen, Wurst bzw. Rindfleisch oder Leberkäse sowie den Speck darin rösten, Zwiebeln beigeben und weiterrösten. Erdäpfel in der Zwischenzeit schälen und in 0,5–0,7 mm dicke Scheiben schneiden, in die Pfanne geben und mitrösten, unter Wenden bräunen. Nudeln in Salzwasser sehr bissfest kochen, unter die Erdäpfel-Fleisch-Mischung heben, mit Salz, Pfeffer und Majoran würzen und sofort servieren. Dazu passt grüner Salat.

Der Name dieses Gerichts stammt aus der Soldatensprache, seine Zusammensetzung aus der typisch militärisch-effizienten „Restlküche". Gekochtes Fleisch vom Vortag, ein paar Erdäpfel, eine Handvoll Nudeln – und schon hat man die geschmackvollen Eckpfeiler jedes Grenadiermarsches. In der k. u. k. Familie gab es mindestens einen Mann, der dienen musste, diese Sprache und dieses Gericht also mit nach Hause brachte – das herzhafte Gröstl wurde so ein Klassiker der Wiener Küche. Allerdings setzt das Gelingen des Gerichts einen gewissen Wohlstand voraus, sind doch Fleisch, Wurst und Speck fixe Bestandteile des Rezepts. So findet man im „vom k. k. Ministerium des Innern überprüften und genehmigten Österreichischen Kriegskochbuch" von Gisela Urban aus dem Jahr 1915 nur die im wahrsten Sinn des Wortes „abgespeckten" Version, also ohne Speck und Fleisch, unter dem Namen „Soldatenkappen".

Noch in dem Standardwerk „Wiener Küche" von Olga und Adolf Hess (1928) werden neben Pferdefleisch auch Kaninchen- und Eichhörnchensuppen angeführt, „Krähen geben gleichfalls eine kräftige Suppe", heißt es dort knapp und sachlich.

Was uns heute unvorstellbar erscheint, war damals in aller Munde. „Man aß in den Städten viel Fleisch, allerdings auch jene Teile, die heute nur mehr zum Abfall zählen. Kutteln, Eingeweide, Köpfe und das Fleisch von Tieren, die man heute als ungenießbar einstufen würde oder nicht mehr isst: Eichhörnchen, Vögel, Schlangen, Fischotter, Biber, Schnecken." (Roman Sandgruber)

Es ist anzunehmen, dass die Klein- und Innenteile – wie Füße, Kehle, Maul, Lunge, Leber, Herz, Nieren, Hirn und Därme – bis zum 19. Jahrhundert auch aus Not besondere Leibgerichte der „kleinen Mannes" waren. Für Därme und verschiedene Innereien gab es sogar eine eigene Fleischer-Zunft.

Einige dieser traditionellen Gerichte haben überlebt und sind auch heute noch beliebter Teil der klassischen Wiener Küche.

GEKOCHTER und GEBACKENER KALBSKOPF

800 g Kalbskopf, 200 g Wurzelwerk (Karotte, Sellerie, Petersilienwurzel), 6 l Wasser, 1 Stange Lauch, 150 g Zwiebeln (halbiert), 1 Lorbeerblatt, 8 Pfefferkörner, 2 Thymianzweige, 1/16 l Essig, Salz
ZUM PANIEREN: Mehl, 2 Eier, Semmelbrösel, Öl zum Backen

Kalbskopf reinigen, mit kaltem Wasser bedecken, einige Stunden wässern. Wurzelwerk putzen, in Stücke schneiden. Lauch putzen, längs einschneiden, mit reichlich Wasser Sand entfernen. Kalbskopf aus dem Wasser heben, in einen großen Topf geben, Essig, Gewürze, Zwiebeln, Wurzelwerk und Lauch dazugeben, mit Wasser bedecken und aufkochen lassen. Schaum abschöpfen, bei Bedarf noch etwas Wasser dazugießen. Lässt sich das Fleisch an den Knochen leicht durchdrücken, ist es gar. Kalbskopf aus dem Sud heben, in kaltes Wasser legen, Fleisch vom Knochen lösen. Haut der Zunge mit den Fingern abziehen. Fleisch in Stücke schneiden. Den Sud stark einkochen lassen, abseihen und die Kalbskopfstücke darin aufkochen.

Den Kalbskopf nun mit frisch gerissenem Kren servieren oder die Stücke panieren: Kalbskopfstücke (außer der Zunge) im Sud erwärmen, aus der Flüssigkeit heben, abtropfen lassen und mit Salz und Pfeffer würzen. In Mehl, verquirltem Ei und Semmelbröseln panieren. Öl erhitzen, Kalbskopfstücke schwimmend herausbacken, auf Küchenkrepp abtropfen lassen und mit Sauce Tartar und Blattsalat servieren.

SAURE NIERNDLN

700 g Kalbs- oder Schweinsnieren, 120 g Zwiebeln, 8 EL Öl, Salz, schwarzer Pfeffer, getrockneter Majoran, Essig, Mehl zum Stauben, 1/4 l Rindsuppe, 1/8 l Sauerrahm

Nieren ca. 30 min kalt wässern. Herausnehmen, trocken tupfen, in etwa 5 mm dicke Scheiben schneiden. Zwiebeln fein würfeln. 4 EL Öl in einer Pfanne erhitzen, Zwiebeln lichtbraun rösten, mit etwas Mehl stauben. Mit Suppe aufgießen. Ca. 4 min kochen lassen. In einer separaten Bratpfanne das restliche Öl erhitzen, die Nierndln zart braun braten. Nierndln zu den Zwiebeln geben, heiß, aber nicht kochend durchrühren, salzen, pfeffern. Mit Essig pikant abschmecken. Versprudelten Sauerrahm gut untermischen und mit Reis servieren.

GEBACKENE SCHWEINSOHREN

4 Schweinsohren, Salz, 6 Pfefferkörner, 1 Zwiebel, Mehl, Eier, Semmelbrösel, Öl zum Backen

Schweinsohren putzen und waschen, in Salzwasser mit Pfefferkörnern und Zwiebelringen weich kochen. Abtropfen lassen, zwischen zwei Küchen-Bretter legen, eventuell beschweren (Kochtopf etc.), einige Stunden pressen. In Mehl, verquirlten Eiern und Semmelbröseln panieren und in heißem Öl schwimmend goldfarben backen.

Croatische Zwiebel- und Melonen-Verkäufer.

SALONBEUSCHEL

900 g Kalbslunge, 1/2 Kalbsherz, 1 Zwiebel, 150 g Wurzelwerk (Karotte, Sellerie, gelbe Rübe), 1 Lorbeerblatt, 5 Pfefferkörner, 2 Zweige Kuttelkraut (Thymian), 1 Knoblauchzehe, Salz, schwarzer Pfeffer aus der Mühle, 2 l Wasser, 1/4 Zitrone

SAUCE: 1 kleine Zwiebel, 2 Essiggurken, 6 Kapern, Sardellenfilets (in Öl), Petersilie, Majoran, Schale einer unbehandelten Zitrone, 60 g Butter, 40 g Mehl, 1 EL Essig, 1 TL Senf, 1 TL Zucker, Paprikapulver, getrockneter Majoran

Lunge und Herz waschen. Wurzelwerk putzen, waschen, in Stücke schneiden. Lunge und Herz in 2 Liter Wasser mit Salz, Lorbeerblatt, einigen Pfefferkörnern, Thymian, der ganzen, geschälten Zwiebel, der Knoblauchzehe und dem Wurzelwerk zugedeckt kochen, nach 20 min wenden. Tritt bei einem Gabeleinstich kein heller Tropfen mehr aus, die Lunge („Beuschel") herausnehmen, in kaltes Wasser legen, das Herz noch etwas weiterkochen lassen. Dann auch das Herz herausnehmen und in kaltem Wasser überkühlen lassen. Den Sud abseihen, einkochen lassen. Herz und Beuschel dann in nicht zu dünne Blätter, diese in feine Nudeln schneiden. Mit Salz, Pfeffer, Saft einer Viertel Zitrone vermengen und beiseite stellen.

Sauce: Die kleine Zwiebel, Essiggurken, sechs Kapern, Sardellenfilets, Petersilie, Schale einer Viertel Zitrone und etwas Majoran sehr fein hacken. In zerlassener Butter Mehl dunkelbraun rösten, das Feingehackte dazugeben und kurz weiterrösten. Mit Essig abschrecken, mit dem Sud aufgießen, mit dem Schneebesen gut durchrühren, ca. 20 min sanft köcheln lassen. Das geschnittene Beuschel beigeben, mit Senf, Zucker pikant abschmecken, nach Geschmack Rosenpaprika und Majoran dazugeben und nochmals eine Viertelstunde ziehen lassen. Mit Servietten- oder Semmelknödeln servieren.

Man nimmt an, dass das Gericht der jüdischen Küche entstammt. Es enthält nicht nur Teile der Lunge, die auf urwienerisch „Beuschel" genannt wird, sondern auch andere Eingeweide wie Herz und Milz. Der Wiener nimmt jedenfalls sein Beuschel sehr ernst – über die verschiedenen Zubereitungsarten könnte man eine Doktorarbeit schreiben!

BAUERNSCHNATTERER

500 g weiße Bohnen (getrocknet), Salz, Pfeffer, 1 Knoblauchzehe, 1/2 Lorbeerblatt, 100 g Wurzelwerk, 1/2 geräucherter Schweinskopf, Essig, Schnittlauch

Bohnen über Nacht einweichen. Am nächsten Tag mit frischem Wasser fingerhoch bedecken, mit Pfeffer, zerdrücktem Knoblauch, Lorbeerblatt, kleinwürfelig geschnittenem Wurzelwerk, Schweinskopf und wenig Salz aufs Feuer stellen und langsam weich kochen. Dann Kopffleisch vom Knochen lösen, in mittelbreite Streifen schneiden und wieder zur Bohnenmischung geben. Bei zu wässriger Konsistenz kann man einen rohen Erdapfel dazu reiben und ca. 20 min mitkochen. Mit Essig, Salz und Pfeffer abschmecken und mit reichlich Schnittlauch bestreut servieren.

Die Straßen-Auskocherei.

ES MUSS DER WEIN SEIN ...

Der Wiener und seine Liebe zu Heurigen

Für den Fremden ist das „erste Mal" sicher ein wenig exotisch – verständlich, denn der Charme von harten Holzbänken, dem häufig rauen Ton der Serviererinnen und der resche Wein sind aus der Ferne betrachtet für viele wenig reizvoll. Doch lässt man sich ein auf dieses liebevolle Klischee, das zur Stadt gehört wie die Donau, das Riesenrad oder die Lipizzaner, dann erlebt man ein echtes Stück Alt-Wien – und den Wiener, der nirgendwo seine Mentalität so gerne auslebt wie mit einem Glas Heurigen in der Hand.
Der Heurige ist einerseits der junge Wein, andererseits bezeichnet man damit auch die Buschenschank, also ein uriges Lokal in den äußeren Bezirken der Stadt, wo eben dieser

Wein ausgeschenkt wird. Der Wein ist sehr jung, das Essen klassisch und fast in jedem Heurigenbetrieb gleich: frischer Braten, faschierte Laibchen, oft ein Backhenderl, würziger Liptauer, rahmiger Schwarzwurzel-Salat, Schinken, Käse, Topfen- und Apfelstrudel. Nur ja nichts Aufregendes oder Neues – in manchen Dingen herrscht in Wien stilles Übereinkommen darüber, dass die Qualität darin liegt, dass sich eben nichts ändert. Das Heurigenbuffet ist so ein Fall.

Vor der Tür hängen eine kleine Lampe und ein paar Zweige, zu einem Buschen gebunden – ein sicheres Zeichen dafür, dass „aus'gsteckt is'". Daran erkannten schon die Krieger Karls des Großen, was es hier zu holen gab. Grinzing ist unter Touristen wahrscheinlich am berühmtesten für seine Heurigen, aber neben einigen versteckten Ausnahmen sind diese zu einem folkloristisch-bunten Unterhaltungsprogramm geworden, zu dem die Gäste hauptsächlich busweise angereist kommen. Hat man es gerne etwas ruhiger, sollte man nach Nußdorf, Heiligenstadt, Sievering oder bis nach Stammersdorf und Strebersdorf fahren.

Auch wenn sich die Stadt immer mehr vom alten Wien entfernt, wenn der Fortschritt Wolkenkratzer wachsen lässt und Geschäftssinn die berühmte Gemütlichkeit von Zeit zu Zeit in der Seele des Wieners verdrängt, so ist ihm der Heurige noch immer gut geschütztes Heiligtum. Die Wiener trinken nicht nur besonders gerne ihren Wein, sie reden auch über ihn und widmen ihm Lieder. In einem Trinklied aus dem 18. Jahrhundert heißt es zum Beispiel: „Wer niemals einen Rausch g'habt hat, der ist ein schlechter Mann."

Der Wiener hat zum Heurigen eine unkomplizierte Liebesbeziehung, in der das gute alte Spiel mit Geben und Nehmen so klar definiert ist wie sonst nirgendwo. Der Heurige ist dem Wiener heilige Huldigungsstätte, eine mit Weinlaub umrankte Biedermeierfassade, hinter welcher er seine Identität zu finden glaubt. Auch wenn Besucher aus dem Ausland Freude am Heurigen finden, so wird ihn nur der Wiener richtig verstehen. Seine Herkunft ist wildromantisch, seine Wirkung unerklärlich. Das mag natürlich auch am Wein liegen. Denn im Schatten des Kastanienbaums sitzend, mit duftendem Schweinsbraten, geschmackvollen Aufstrichen und köstlichen Salaten vor der Nase, mit den melancholischen Wienerliedern der Heurigensänger im Ohr, da mag man nicht gerne nein sagen zu einem weiteren Gläschen Wein.

Die Gemüseküche ist zweifelsohne eine Errungenschaft des 20. Jahrhunderts. In den Kochbüchern des 17., 18. und 19. Jahrhunderts spielt dagegen das die Hauptrolle, was auf dem Gemüse liegt. Zum Beispiel Pofesen und Butter-Pasteten auf Spinat und Kochsalat, Schaf, Lamm- und Schweinefleisch auf weißen Rübchen. Saure Rüben und gekochter Rettich wurden mit Würsten und Geselchtem serviert, Karotten mit Koteletts. Was für uns eine veritable Hauptmahlzeit darstellt, wird in alten Kochbüchern noch als „Gemüse-Belege und Einschiebespeisen" bezeichnet. Bei der Zusammensetzung dieser Speisen spiegelt sich oft das barocke Farbprinzip wider, wie etwa bei goldgelben Pofesen auf grünem Spinat, was charakteristisch für die Küche der Stadt war, in der bäuerlichen Küche praktizierte man diese kulinarische Farbästhetik kaum.

SCHWAMMERLGULASCH

800 g Eierschwammerln (geputzt), 60 g Butter, 100 g Zwiebeln, 1/8 Sauerrahm, 10 g Paprikapulver (edelsüß), 3–4 EL Weißweinessig, 1 TL Mehl, Salz, Pfeffer, 1 EL Petersilie (gehackt)

Eierschwammerln je nach Größe ganz belassen oder schneiden. Zwiebeln schälen, fein hacken. Butter in einer Kasserolle erhitzen, Zwiebeln darin goldbraun rösten, Paprikapulver zugeben, durchrühren, sofort mit Essig ablöschen. Eierschwammerln dazu geben, salzen, pfeffern, durchrühren und zugedeckt 10–12 min weich dünsten. Deckel abnehmen, aus den Schwammerln getretene Flüssigkeit ein wenig einkochen lassen. Sauerrahm mit Mehl verrühren, unter die Schwammerln geben, nochmals 5 min auf kleiner Flamme köcheln lassen.

GERÖSTETE EIERSCHWAMMERL

800 g Eierschwammerln (geputzt), 80 g Zwiebeln, 2 EL Petersilie (gehackt), 60 g Butter, 4 Eier, Salz, schwarzer Pfeffer

Eierschwammerln je nach Größe ganz belassen oder schneiden. Zwiebel schälen, fein hacken. Eier mit einer Gabel verquirlen, salzen. Butter in einer beschichteten Pfanne zerlassen, Zwiebeln darin hell-gelb anschwitzen, Schwammerln dazugeben und mitrösten. Tritt zu viel Flüssigkeit aus den Schwammerln, die Hitze erhöhen und die Flüssigkeit einkochen lassen. Mit Salz und Pfeffer würzen, Petersilie unterrühren. Eier dazugeben, unter Rühren stocken lassen. Mit Erdäpfeln servieren.

BOHNEN MIT FLECKERLN

1 kleine Zwiebel, 1 TL Butter, Petersilie, 200 g Fleckerl-Nudeln, 200 g weiße Bohnen (Dose), Salz, Pfeffer, 30 g Semmelbrösel, 50 g Butter, Paradeissauce

Fleckerln in Salzwasser sehr bissfest kochen, abseihen, abtropfen lassen.
Zwiebel schälen, fein hacken. Butter zerlassen, die Zwiebel darin goldgelb rösten.
Petersilie waschen, trocken schütteln, fein hacken, zur Zwiebel geben.
Fleckerln untermengen, Bohnen aus der Dose in ein Sieb schütten, abspülen und abtropfen lassen. Zur Fleckerln-Zwiebel-Mischung geben. Salzen und pfeffern, gut durchschwenken. Die 50 g Butter zerlassen, Semmelbrösel darin rösten.
Über die Bohnen geben und mit Paradeissauce (siehe Rezept Seite 81) anrichten.

GEBACKENER SELLERIE

2 mittelgroße Sellerieknollen, Zitronensaft, 100 g Mehl, 1 Dotter, 1 Eiklar, Petersilie, Milch oder Bier, Backfett, Salz

Sellerie schälen, halbieren, in halbzentimeterdicke Scheiben schneiden, in Salzwasser und etwas Zitronensaft halbweich kochen. Aus Mehl, Prise Salz, Eidotter, fein gehackter Petersilie und Milch (oder Bier) nach Bedarf einen dickflüssigen Backteig rühren; zuletzt steifgeschlagenen Schnee darunter heben. Die trockenen Selleriescheiben leicht in Mehl wenden, in den Backteig tauchen und in gut erhitztem, fingerdickem Fett auf beiden Seiten rasch backen.
Dazu serviert man eine Sauce Tartar.
Auf die gleiche Weise werden sauber geputzte, ganze (kleinere) Champignons gebacken. Sie können aber auch wie Wiener Schnitzel durch Mehl, zerklopfte Eier und Semmelbrösel gezogen und in heißem Fett schwimmend gebacken werden.

FISOLEN MIT BRÖSELN

500 g Fisolen, 80 g Semmelbrösel, 120 g Butter, Salz

Fisolen waschen, eventuell von Fäden befreien und in Salzwasser bissfest kochen. Abseihen und trocknen lassen. In der Zwischenzeit die Butter aufschäumen, Semmelbrösel darin hellbraun rösten, leicht salzen und über die Fisolen streuen.

Tipp: Auf dieselbe Art kann auch Karfiol zubereitet werden: waschen, in Röschen teilen, in Salzwasser bissfest garen. Butter schmelzen, Semmelbrösel darin rösten. Karfiol aus dem Kochwasser seihen, abtropfen lassen und mit den Butterbröseln bedeckt servieren.

ERDÄPFELGULASCH

800 g Erdäpfel (mehlig kochend), 20 g Paprikapulver (edelsüß), 40 g Butter, 200 g Zwiebeln, 1 EL Paprika, 1 EL Essig, 1 EL Kümmel, 2 Zehen Knoblauch, 1 TL Majoran, 1/4 l Rindssuppe (evtl. Würfel), Salz, schwarzer Pfeffer

Zwiebeln schälen, fein hacken. Erdäpfel schälen, vierteln. Die Butter erhitzen, Zwiebeln darin goldbraun rösten, Paprikapulver dazugeben, durchrühren und sofort mit dem Essig ablöschen. Mit der Suppe aufgießen. Kümmel, den gepressten Knoblauch und Majoran beigeben, die Erdäpfel beigeben, salzen und unter mehrmaligem Umrühren weich kochen, bis der Saft durch die Erdäpfelstärke sämig wird.

Tipp: Die Sauce schmeckt besser, wenn man sie mit 1–2 EL Sauerrahm verrührt. Man kann auch als ersten Schritt 100 g Speck (in kleine Würfel geschnitten) glasig braten und darin die Zwiebel rösten und wie oben beschrieben weiter verfahren – so wird das Erdäpfelgulasch noch deftiger.
Oft bekommt man auch in Stücke geschnittene Frankfurter-Würstchen, Dürre oder würzige Debreziner im Erdäpfelgulasch serviert – sie sollten 5–8 min mitgegart werden.

Der Erdapfel war den Wienern am Anfang nicht geheuer – er kam zwar schon 1588 nach Wien, wurde allerdings nur als botanische Kuriosität geschätzt. Der Botaniker Claude de Ecluse (Clusius) wagte sich an das Knollengewächs heran und baute in seinem Versuchsgarten Erdäpfel an – vorerst allerdings nur als Zierpflanze. Kaum zu glauben, dass der Erdapfel später einen Status erreichte, der heute beispielsweise mit weißen Trüffeln zu vergleichen wäre: Noch 1745 kostete ein Wiener Pfund (das entspricht heute 560 Gramm) Erdäpfel 6 Gulden.
Um das gleiche Geld bekam man 90 Pfund Semmeln oder 82 Pfund Rindfleisch! Obwohl in den Kochbüchern des beginnenden 19. Jahrhunderts schon Erdäpfel-Rezepte aufscheinen, wollten sich die Wiener noch nicht wirklich an das gesunde Gemüse gewöhnen. Erst im Vormärz stieg der Verbrauch an, in der zweiten Hälfte des 19. Jahrhunderts sogar sehr stark: Aß jeder Wiener im Jahre 1817 15 kg Erdäpfel im Jahr, so waren es 1846 bereits 89,2 kg.
Heute sind Erdäpfel ein wichtiger Teil der Wiener Küche – ob als Salat, Püree oder im Gulasch.

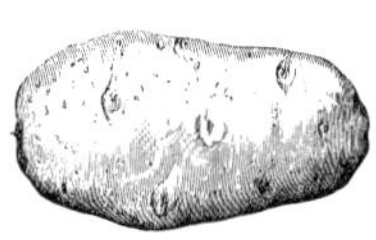

Die Wiener Küche bietet besonders viele Beilagen an – von Nudeln und Knödeln, über Erdäpfeln, Nockerln und Hülsenfrüchten bis zum Getreide. Aus Not wurden diese Nebenspeisen zu Sättigungsbeilagen, die österreichischen Hausfrauen und Köchinnen schenkten ihnen in kargen Zeiten besonders viel Aufmerksamkeit. So entstand eine Vielzahl an köstlichen Gerichten und reichhaltigen Saucen, die einen wesentlichen Teil der Wiener Küche einnehmen.

WIENER KOCHSALAT

800 g Kochsalat, 100 g Erbsen (frisch oder tiefgekühlt), 20 g Butter, 20 g Mehl, 1/4 l Rindsuppe (Würfel), 1 EL gehackte Zwiebel, 1 kleine Knoblauchzehe, Salz, Pfeffer

Kochsalat putzen, waschen, in siedendem Salzwasser kernig kochen. Sofort in Eiswasser legen, so bleibt ihm die Farbe erhalten. Aus dem Wasser nehmen, gut ausdrücken, grob hacken. Butter zerlassen, Mehl darin anschwitzen, die Zwiebeln mitrösten lassen, mit der Suppe aufgießen und mit dem Schneebesen gut verrühren. 8–10 min auf kleiner Flamme köcheln lassen. Inzwischen die Erbsen in siedendem Salzwasser kochen, abseihen, mit dem Kochsalat unter die Mehl-Butter-Mischung mengen. Die Knoblauchzehe dazupressen, mit Salz und Pfeffer abschmecken.

EINGEMACHTER KOHL

800 g Kohl (geputzt), Salzwasser, 20 g Butter, 20 g Mehl, 60 g Frühstücksspeck, 1/2 Zwiebel, 1 EL Petersilie (gehackt), 1/4 l Rindsuppe, 1 Knoblauchzehe, Salz, Pfeffer, Majoran

Kohlblätter vom Strunk befreien, waschen, in feine Streifen schneiden. Kohl im siedenden Salzwasser 10–15 min offen weich kochen, abseihen, ausdrücken. Butter schmelzen, Mehl darin anschwitzen, Zwiebel mitrösten, Petersilie zugeben und mit Suppe aufgießen. Mit dem Schneebesen glatt rühren, mit Salz, Pfeffer und Majoran würzen, 8–10 min auf kleiner Flamme köcheln lassen. Kohl zugeben, und bis zu einer halben Stunde in der Mehl-Butter-Mischung weiterkochen. Speck klein würfelig schneiden, in einer separaten Pfanne knusprig braten und zum Kohlgemüse geben. Die Knoblauchzehe dazupressen und mit Salz und Pfeffer abschmecken.

KASCHERNAT

200 g Reis, 1 kg Paradeiser, 6 grüne Paprika, 1 große Zwiebel, 50 g Butter, 1 TL Paprikapulver, Salz

Die grünen Paprika entstielen, entkernen und in feine Streifen schneiden. Zwiebel schälen, fein hacken. Butter in einem größeren Topf zerlassen. Zwiebel darin goldgelb rösten. Die Paprikastreifen dazugeben und zugedeckt dünsten. In der Zwischenzeit die Paradeiser waschen, den Strunk entfernen und in Scheiben schneiden. Nach 15 min die Paradeiser zugeben, mit einer guten Prise Salz würzen. 1/8 l Wasser dazugeben und weitere 15 min zugedeckt dünsten lassen. Den Reis in kaltem Wasser waschen, abtropfen lassen und unter das Gemüse mischen. Den Paprika dazumischen und unter mehrmaligem Umrühren dünsten lassen, bis der Reis ganz weich ist. Wenn nötig, etwas Wasser zugießen. Knapp vor dem Anrichten mit Salz abschmecken.

Paprika-Kraut

600 g Sauerkraut, 1 mittelgroße Zwiebel, 1 EL Butter, 200 ml Schlagobers, 100 ml Sauerrahm, 1 EL Paprikapulver (Rosenpaprika), Salz, Kümmel, 80 g Selchspeck, 1 EL Zucker, 2–3 Knoblauchzehen, Essig, 1 EL Paradeismark

Sauerkraut kurz kalt waschen, gut ausdrücken, grob durchhacken. Zwiebel schälen, fein hacken, in der Butter glasig anschwitzen. Das Sauerkraut dazugeben, mit Obers und Sauerrahm begießen und mit dem Paprikapulver, etwas Salz und Kümmel würzen. Auf kleiner Flamme weich dünsten lassen. Inzwischen kleinwürfelig geschnittenen Speck rösten, Zucker darüber streuen und fertig rösten. Speck und gepressten Knoblauch zugeben, das Paradeismark gut untermischen und weitere 10 min garen lassen. Mit Salz und Pfeffer abschmecken.

Warme Rahmgurken

800 g Salatgurken, 40 g Butter, 1 kleine Zwiebel, 40 g Mehl, Petersilie, Salz, Pfeffer, 1/4 l Rindssuppe (evtl. Würfel), Zitronensaft, 1/8 1 Sauerrahm, 1–2 EL Dille

Gurken schälen, halbieren, mit einem Suppenlöffel Kerne herauskratzen, und in ca. 1 cm dicke Scheiben schneiden. Zwiebel schälen, fein hacken. Butter zerlassen, Zwiebel darin anschwitzen lassen. Das Mehl drüberstreuen, mit Suppe aufgießen und ca. 10 min auf kleiner Flamme einkochen lassen. Gurkenscheiben dazugeben und darin weich kochen. Sauerrahm versprudeln, Petersilie waschen, trocken schütteln, fein hacken. Sauerrahm und Petersilie zu den Gurken geben, mit Salz und Pfeffer würzen, mit Zitronensaft abschmecken.

SEMMELKNÖDEL

250 g Semmelwürfel, 50 g Butter, 2 EL gehackte Zwiebel, 2 EL Petersilie (gehackt), 3 Eier, 1/4 1 Milch, 3 EL Mehl, Salz

Butter schmelzen, Zwiebeln darin hell anschwitzen. Semmelwürfel in eine Schüssel geben, Eier, Milch und Salz gut verrühren, salzen, über die Semmelwürfel gießen. Zwiebeln und Petersilie untermischen (am besten mit den Händen). 10–15 min durchziehen lassen, Mehl unterheben. Salzwasser in einem großen Topf zum Kochen bringen, aus der Masse mit nassen Händen vier bis sechs Knödel formen, die Hitze reduzieren (Wasser sollte sanft wallen) und die Knödel darin 10–12 min garen.
Semmelknödel werden traditionell zu Bauernschmaus, Beuschel, Schwammerlgulasch, Schweinsbraten, Selchfleisch und Wildgerichten gegessen.

SERVIETTENKNÖDEL

8 Semmeln (vom Vortag, ersatzweise: 12 Scheiben Toastbrot), 40 g Butter, 3 Eier, ca. 1/4 l Milch, 70 g Butter, Salz, Muskatnuss, 2–3 EL Petersilie (gehackt)

Semmeln (bzw. Toastbrot) entrinden, kleinwürfelig schneiden (sollte 250 g Semmelwürfel ergeben). Butter zerlassen, mit Eiern, Milch, Salz und einer Prise Muskatnuss verrühren, über die Semmelwürfel gießen, gut durchmischen, ziehen lassen. In der Zwischenzeit eine Serviette oder ein Küchentuch nass machen, mit Butter (oder etwas Öl) bestreichen. Auf der Serviette die Knödelmasse zu einer Wurst formen (ca. 7 cm Durchmesser), zusammenrollen, an den Enden ordentlich mit Spagat zubinden und im wallenden Salzwasser 30–40 min garen.
Aus dem Wasser heben, den Spagat lösen, den Knödel aus der Serviette rollen. Knödel in 1–1,5 cm dicke Scheiben schneiden und als Beilage zu verschiedenen Saucengerichten servieren.

Noch heute gehören Knödel auf die Speisekarte eines Wiener Wirtshauses wie das Wiener Schnitzel. Doch in vergangenen Zeiten kam der Knödel noch zu höheren Ehren: Sebastian Göschl vom „Weißen Karpfen“ in der Annagasse trug den Beinamen „Knödelwirt“, in der Salvatorgasse tauchte man bis 1842 in den „Knödelkeller“ ab. „Die Knödelkeller-Knödel blieben das Muster für alle in dieser Branche Arbeitenden und bewahrten sich einen Ehrenplatz in dem Gedächtnis dankbarer Zeitgenossen“, vermerkt der Wiener Schriftsteller Friedrich Schlögl in seinen Betrachtungen über die Wiener Weinkeller, auch nachzulesen in „Vom Essen auf dem Lande“ von Franz Maier-Bruck. In Breitensee trieb es 1893 die Wirtin des – nicht umsonst so genannten Wirtshauses – „Zur Riesin“ auf die Spitze: Ihre Knödel hatten die Größe eines Kindskopfes.

ERDÄPFELPÜREE

800 g Erdäpfel (mehlig kochend), 90 g Butter (Zimmertemperatur), 200 ml Milch, Salz, Muskatnuss, 1 Zwiebel, 3–4 EL Öl

Erdäpfel schälen, vierteln, in Salzwasser zugedeckt weich kochen. Abseihen, ausdampfen lassen (eventuell im leicht vorgeheizten Backofen). Mit einem Erdäpfelstampfer zerstoßen, durch die Erdäpfelpresse drücken oder durch ein Sieb passieren. Die Butter dazugeben und schmelzen lassen, einrühren.
Die Milch erhitzen, nach und nach unterziehen, sodass ein dicker, glatter Brei entsteht. Mit Salz und geriebener Muskatnuss würzen.

Geröstete Zwiebel: Zwiebel schälen, in Scheiben schneiden. Öl in einer beschichteten Pfanne erhitzen, die Ringe darin rösten und auf das angerichtete Erdäpfelpüree geben.

Tipp: Erhöht man die Buttermenge, wird Ihnen das Ihre Figur nicht danken, Ihr Geschmackssinn aber sehr wohl. Auch mit einem Schuss Schlagobers kann man Erdäpfelpüree gut verfeinern, manche geben einen Hauch Trüffelöl dazu.

REIS NACH GROSSMUTTER ART

250 g Langkornreis, 1 mittelgroße Zwiebel, 3 Gewürznelken, Salz, 50 g Butter

Reis kalt waschen, abtropfen lassen, mit 1/2 1 Wasser aufsetzen. Die Zwiebel schälen, die Nelken in die Zwiebel stecken, zum Reis geben. Mit der Hälfte der Butter und etwas Salz einmal aufkochen lassen, Hitze reduzieren und ca. 25 min (je nach Packungsanweisung) bissfest dünsten. Zwiebel entfernen, Reis kurze Zeit offen ausdünsten lassen, die restliche Butter untermischen und servieren.

Tipp: Gibt man zum kochenden Reis grüne Erbsen (bei oben genannter Reismenge etwa 80–100 g Erbsen) und einen Esslöffel geriebenen Parmesankäse, so wird daraus „Risi-Pisi“.

DILLSAUCE

20 g Butter, 2 EL Zwiebeln (in sehr feine Würfel geschnitten), 20 g Mehl, 100 ml Sauerrahm, 50 ml Schlagobers, 3 EL Dillspitzen, eine Prise Zucker, 1/4 l Rindsuppe (evtl. Würfel), ein Spritzer Zitronensaft, Salz, weißer Pfeffer, Muskatnuss

Dillspitzen hacken. Rindsuppe erhitzen, 2 EL Dillspitzen darin 10 min köcheln lassen, durch ein feines Sieb gießen. Butter zerlassen, Zwiebelwürfel darin anschwitzen, Mehl zugeben und kurz weiterrösten. Mit dem abgeseihten Dill-Sud aufgießen, gut verrühren (Schneebesen). Obers zugeben und 10 min ohne Deckel köcheln lassen. Mit einem Mixerstab pürieren, durch ein Sieb passieren. Sauerrahm einrühren, die restlichen Dillspitzen einrühren, mit Salz, Pfeffer, Zitronensaft und Muskatnuss abschmecken.

SARDELLENSAUCE

80 g Butter, 60 g Mehl, 1 Zwiebel, 6 Stück Sardellenfilets (in Öl eingelegt), 1/8 l Hühnersuppe (evtl. Würfel), Saft einer halben Zitrone, Salz, Pfeffer, Zucker

Butter zerlassen, Mehl zugeben und unter Rühren leicht anrösten. Die Zwiebel und Sardellenfilets fein hacken, beides zugeben, kurz mitrösten, mit etwas Suppe aufgießen. Kurz einköcheln lassen, mit einer Prise Zucker, Salz, Pfeffer und dem Zitronensaft abschmecken. Eine Viertelstunde kochen lassen, dann je nach Geschmack durch ein Sieb passieren oder so belassen.

PARADEISSAUCE

500 g vollreife Paradeiser, 1 kleine Karotte, 1 Selleriestange, 1 Zwiebel, 1 kleine Petersilienwurzel, 50 g Butter, 20 g Mehl, 1/8 l Rindsuppe, 1/8 l trockener Rotwein, 1 TL Zitronensaft, 1 Gewürznelke, Zucker, Salz, Pfeffer, eventuell 1 EL Tomatenmark

Paradeiser in heißem Wasser blanchieren, enthäuten, entkernen, Fruchtfleisch pürieren, beiseite stellen. Karotte, Sellerie, Petersilienwurzel und Zwiebel putzen, waschen und klein schneiden. Butter zerlassen, Gemüse darin anrösten, hin und wieder umrühren. Mehl einstreuen, gut untermischen, weiterrösten und mit dem Rotwein aufgießen. Tomaten und Suppe einrühren. Mit Zitronensaft, Salz, Pfeffer, Gewürznelke und etwas Zucker würzen. Ca. 1 Stunde einkochen lassen, mit dem Mixstab pürieren, eventuell durch ein Sieb passieren. Mit Salz, Pfeffer und Zucker abschmecken.

APFELKREN

4 säuerliche Äpfel (z.B. Elstar, Granny Smith, Boskop, Cox Orange), 10 dag Zucker, 2–3 EL Zitronensaft, eine Prise Salz, 3–4 EL frisch geriebener Kren (je nach Schärfe und Geschmack)

Äpfel schälen, entkernen und fein reiben, sofort mit Zitronensaft verrühren (verhindert, dass die Äpfel sich braun färben). Zucker, Zitronensaft, Salz und Kren gut unterrühren, abschmecken.

Tipp: Nach einer weiteren Zubereitungsart werden die Äpfel geschält, entkernt, in Würfel geschnitten und in wenig Wasser, Zitronensaft und Zucker zugedeckt weich gedünstet. Anschließend werden sie passiert und nach dem Auskühlen mit Kren, etwas Öl und Salz verrührt.

OBERSKREN

200 ml Schlagobers, 1–2 EL frisch geriebener Kren (je nach Schärfe und Geschmack), Salz, eine Prise Zucker

Schlagobers mittelsteif schlagen, Kren, Salz und Zucker unterziehen, abschmecken. (Passt besonders gut zu geräucherten Fischen, Rohschinken und Beinschinken.)

Variante: Warmer Oberskren

250 ml Schlagobers, 250 ml Milch, 20 g Butter, 20 g Mehl, 20 g Kren (frisch gerieben), Salz, Pfeffer, eine Prise Muskatnuss

Butter zerlassen, Mehl darin hell anschwitzen. Milch und Obers in einem separaten Topf erhitzen, die Mehl-Butter-Mischung damit aufgießen und gut einrühren (Schneebesen). 5–6 min köcheln lassen, eventuell passieren. Kren, Salz, Pfeffer und Muskatnuss einrühren und abschmecken.
(Passt besonders gut zu gesottenem Fleisch und Beinschinken.)

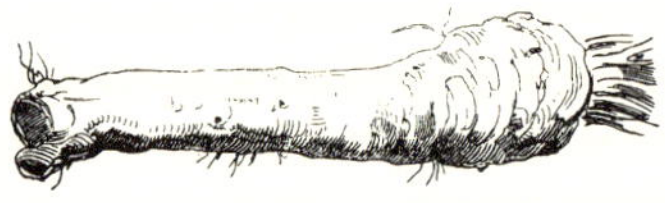

SCHNITTLAUCHSAUCE

100 g Semmeln (entrindet, ersatzweise Weißbrot), 200 ml Milch, 2 hart gekochte Eier, 150 ml Milch, 2 EL Schnittlauch (in feine Röllchen geschnitten), 1 EL Staubzucker, Salz, weißer Pfeffer, 2 EL milder Essig, 4 EL Pflanzenöl (z. B. Sonnenblumenöl, Maiskeimöl)

Semmeln bzw. Weißbrot in kalter Milch einweichen, gut ausdrücken. Gekochte Eidotter mit dem Weißbrot durch ein Sieb passieren, Staubzucker, Salz, Pfeffer, Essig und Öl dazugeben und gut durchmixen, sodass eine sämige Sauce entsteht. Ist sie zu trocken, noch etwas Öl zugeben. Abschmecken, den Schnittlauch erst kurz vor dem Servieren untermischen.

Variante: Einfache Schnittlauchsauce

4 hart gekochte Eier, 2 EL Essig, 4 EL Öl, 2 EL Schnittlauch (in feine Röllchen geschnitten), Salz, Pfeffer, Zucker

Dotter von hart gekochten Eiern mit Essig und Öl gut verrühren, Schnittlauch, Salz, Pfeffer und Zucker beigeben, das fein geschnittene Eiweiß der gekochten Eier dazurühren.

Die Altwiener Art der Salatzubereitung ist für viele gewöhnungsbedürftig: Der Essig wird gezuckert und die Salatschüssel mit einer Knoblauchzehe ausgerieben. So empfehlen es die Autoren alter Kochbücher. Neben den bekannten grünen Salaten – Kopf-, Endivien-, Kresse-, Rapunzel- oder Vogerlsalat – sowie Gurken-, Paradeis- und Paprikasalat liebt man in Wien den warmen und kalten Erdäpfelsalat, den warmen und kalten Krautsalat, den Fisolen-, Sellerie-, Bohnen-, Erbsen-, Linsen-, Rote-Rüben-Salat, Karfiolsalat und den Heringsalat.

BÖHMISCHER GURKENSALAT

2 Salatgurken, 200 g Sauerrahm, 1–2 Zehen Knoblauch, 3 EL Apfelessig, 1 EL Wasser, Salz, 1 TL Senf, 1 TL Zucker, Paprikapulver, Dillspitzen nach Geschmack

Gurken schälen, mit einem Esslöffel entkernen und fein hobeln. In eine Schüssel geben und leicht salzen, 20 min ziehen lassen. Mit den Händen ausdrücken, Gurkenwasser wegschütten. In einer kleineren Schüssel Essig, Sauerrahm, gepressten Knoblauch, Senf, Salz, Paprikapulver und Dillspitzen verrühren, zu den Gurken geben und gut durchmischen. Mit Salz und Pfeffer abschmecken.

ERDÄPFELSALAT

600 g Erdäpfel (festkochend), 60 g Zwiebeln, ca. 1/4 l Rindsuppe (Würfel), 3 EL Essig, 6 EL Pflanzenöl (z. B. Sonnenblumenöl, Maiskeimöl oder nach Geschmack auch Steirisches Kürbiskernöl), 1/2 TL Estragonsenf, Salz, Pfeffer, eine Prise Zucker

Erdäpfel mit der Schale kochen, schälen, noch warm dünnblättrig in eine große Schüssel schneiden. Die Suppe erwärmen und sofort zu den Erdäpfeln geben. Essig, Öl, Zwiebeln, Salz und Pfeffer so lange unterrühren, bis er eine sämige Bindung bekommt. Mit Senf und Zucker nach Geschmack würzen.

DAS SÜSSE WIEN

Wer von Wiener Küche spricht, kommt an böhmischen Liwanzen, Kaiserschmarren und Milchrahmstrudel nicht vorbei – Mehlspeisen, ob kalt oder warm, gehören zu Wien wie das Rieserad zum Prater. Im *Universallexikon der Kochkunst* von 1890 werden sie folgend beschrieben: „*Mehl-Speise*. Unter diesem allg. Namen begreift man eine Menge verschiedenartiger, mit Hülfe von Mehl oder mehlhaltigen Bestandtheilen, wie Reis, Gries, Nudeln, Semmel und dergl., bereiteter Speisen, namentlich die Aufläufe, Puddings, Strudel, Schmarrn, Eierkuchen, Dampfnudeln und dergl., welche in Formen oder diesselben entweder gebacken oder gekocht werden." Definition hin oder her – richtig kennen lernen kann man die Wiener Mehlspeisküche nur, wenn man sich durch kostet – und zwar vom Apfelstrudel bis zum Zwetschkenfleck.

Der süße Gaumen der Wiener hat Geschichte. In den Zeiten der Donaumonarchie, die weite Gebiete bis nach Galizien und Siebenbürgen im Osten, Böhmen und Mähren im Norden, Bosnien und Dalmatien im Süden einschloss, lebten viele verschiedene Völker friedlich im Schatten des Doppeladlers. Ihre kulinarischen Traditionen landeten in einem Topf, in diesem Fall in dem kaiserlich-königlichen. So prägten Gerichte aus dem heutigen Ost- und Südosteuropa wesentlich die Wiener Küche.

Besonders die üppige Hofkultur des 18. Jahrhunderts beflügelte die Fantasie der Köche und ließ sie in dieser Zeit viele Rezepte erfinden, die bis heute aufgetischt werden. Das Mehl wurde immer feiner gemahlen, so gelangen hellere und lockere Teige; in der Schweiz wurde 1720 der Baiser entwickelt, in Frankreich der Brandteig, in Österreich die Biskuitmasse – und so gelangen den Konditoren immer aufwändigere, raffiniertere und kunstvollere Kreationen. Ein richtiger Wettstreit um die besten Mehlspeisen entstand – niemand konnte allerdings den guten Geschmack von Wien, Budapest und Paris übertreffen.

KAISERSCHMARREN

140 g Butter, 1 Prise Salz, etwas abgeriebene Schale einer unbehandelten Zitrone, 6 Eier, 100 g Mandeln (gerieben), 150 g Mehl, 1/4 l Milch, 120 g Zucker
AUSSERDEM: 60 g Butter zum Backen, Staubzucker zum Bestreuen

Eier in Dotter und Eiklar trennen. Butter mit Salz und der Zitronenschale mit dem Mixer schaumig rühren. Dotter, Mandeln, Mehl und Milch nach und nach einrühren, sodass ein leicht flüssiger Teig entsteht. Eiklar zu Schnee schlagen, zwischendurch den Zucker einrieseln lassen. Schnee vorsichtig unter die Dotter-Masse ziehen. Die Butter in einer großen Pfanne zerlassen, die Hälfte des Teiges einfließen lassen, zudecken und die Unterseite goldgelb backen. Teig in der Mitte teilen, die Hälften mit zwei Gabeln oder einem Pfannenheber wenden, wiederum goldgelb backen. Mit zwei Gabeln grob in Stücke zerreißen. Staubzucker in ein feinmaschiges Sieb geben und über den Schmarren streuen.

Tipps: Zusammen mit dem Eischnee kann man auch 100 g Rosinen (15–20 min in Wasser eingeweicht) unter die Masse heben.
Der Teig lässt sich auch im Backrohr backen: Auf ein befettetes (oder mit Backpapier ausgelegtes) Backblech gießen, bei 180 °C ca. 45 min goldgelb backen.

Kaiser Franz Joseph I. liebte Bad Ischl und war so oft wie möglich dort. Der Legende nach soll sein Leibkoch hier diesen mittlerweile berühmten Schmarren kreiert haben. Etwas Neues, Leichtes und Weiches sollte es sein, da er wusste, dass Sisi Probleme mit den Zähnen hatte. Er kopierte eine in Oberösterreich beliebte einfache Süßspeise namens „Kaserschmarren“ aus Mehl, Milch und Eiern, verfeinerte das Gericht mit Rosinen und servierte ihn warm als Nachspeise. Der Kaiser verstand den Namen schlecht und meinte, dass der Koch ihm zu Ehren die neue Mehlspeise „Kaiserschmarren“ genannt habe. Sisi war weniger begeistert – sie soll den Schmarren der Rosinen wegen nicht besonders gemocht haben.

Kipferlauflauf

**10 mürbe Kipferln (vom Vortag), 750 ml Milch, 6 Eier,
180 g Staubzucker, 1/2 Vanilleschote, 50 g Rosinen,
Butter und Semmelbrösel für die Form,
Staubzucker zum Bestreuen, 100 g Ribiselmarmelade**

Backrohr auf 180 °C vorheizen. Die Kipferln in dünne Scheiben schneiden und in Milch einweichen. Die Eier trennen, Dotter mit 80 g Staubzucker schaumig rühren. Vanillemark mit einem Messer aus der Schote schaben, zu den eingeweichten Kipferln geben und durchrühren. Eiklar zu Schnee schlagen und mit den Rosinen unter die Masse ziehen. Eine Auflaufform mit Butter bestreichen und mit Bröseln ausstreuen. Die Kipferl-Masse einfüllen. Im Backrohr ca. 45 min backen.
Die Form mit einem nassen, kalten Tuch bedecken und stürzen – so löst sich der Auflauf besser. Die Ribiselmarmelade erwärmen, über den Auflauf gießen und mit Staubzucker besieben.

Tipp: Den Auflauf kann man auch mit Semmeln vom Vortag zubereiten.

Scheiterhaufen

**6 Semmeln (vom Vortag), 50 g Butter, 4 Eier, 80 g Zucker,
1 Pkg. Vanillezucker, eine Prise Salz, 1/2 l Milch,
geriebene Schale von 1/2 unbehandelten Zitrone, 500 g Äpfel,
1 EL Rum, 1 Msp. Zimt, 50 g Rosinen, Butterflöckchen zum Belegen,
Staubzucker zum Bestreuen**

Die Semmeln in dünne Scheiben schneiden. Auf ein Backblech verteilen und bei 120 °C im Backofen leicht rösten. Butter zerlassen, Semmeln zwischendurch damit beträufeln. Semmeln herausnehmen, Backrohr auf 180 °C erhöhen.
Eier mit Zucker, Vanillezucker, Salz, Milch und Zitronenschale verrühren.
Eine längliche Auflaufform (ca. 1,5 l Inhalt) mit Butter ausstreichen.
Die Hälfte der Semmelscheiben auf dem Boden der Form verteilen, mit der Hälfte der Eiermilch begießen. Äpfel schälen, entkernen, in dünne Blätter schneiden, mit Zimt und Rum vermischen. Rosinen auf den Semmeln verteilen, dann mit den Apfelblättern belegen. Mit den restlichen Semmelscheiben belegen und mit der restlichen Eiermilch begießen. Scheiterhaufen mit Butterflöckchen belegen, ca. 45 min im Ofen goldgelb backen. Mit Staubzucker bestreuen und sofort servieren.

PALATSCHINKEN

150 g Mehl, 1 Prise Salz, 4 Eier, 1/4 l Milch
AUSSERDEM: geschmacksneutrales Öl oder Butterschmalz
(Zutaten für 10–12 Stück)

Mehl durch ein feinmaschiges Sieb in eine Schüssel sieben. Eier, Milch, Salz einrühren und zu einem flüssigen Teig verarbeiten. Ca. 15 min quellen lassen.
1 EL Öl oder ein nussgroßes Stück Butterschmalz in einer beschichteten Pfanne erhitzen, einen kleinen Schöpflöffel Teig eingießen, rasch gleichmäßig über den Boden verteilen (Pfanne schwenken), auf beiden Seiten hellgelb backen. Warm stellen und sofort mit jeweils etwas frischem Öl oder Butterschmalz die weiteren Palatschinken einzeln backen.
Mit beliebiger Marmelade oder mit einer Topfenfülle (aus 150 g trockenem Speisetopfen, 80 g Zucker, 40 g Rosinen, Vanillezucker, geriebener Zitronenschale, 70 g Butter, 2 Eiern, 1/8 l Sauerrahm) bestreichen und einrollen.

Palatschinken gehören zum klassischen kulinarischen Erbe der k.u.k. Mehlspeisküche und haben noch immer ihren Platz unter den Lieblingsgerichten der Österreicher. Bis es allerdings zur Palatschinke kam, wie wir sie heute kennen, haben viele Völker ihren Beitrag zum Rezept geleistet.
Palatschinken haben nichts mit Schinken zu tun, sondern gehören als dünn gebackene, meist süß gefüllte Teigflade zu den österreichischen Nationalgerichten. Der Begriff „Palatschinken“ hat seinen Ursprung bereits bei den alten Römern, die Kuchen als placenta *bezeichneten. Im westlichen Siebenbürgen wurden* platschinta *genannte Fladen auf eingefetteten Sandsteinschieferplatten gebacken – entweder aus Germteig oder dem heute noch verwendeten Palatschinkenteig. Über Ungarn, wo sie unter dem Namen* palacsinta *bekannt war, worin man das heutige Wort deutlich erkennt, kam der Eierkuchen weiter nach Slowenien. Auf dem Umweg über die Böhmische Küche erreichten die Palatschinken schließlich Österreich.*
Die Erfahrung lehrte begeisterte Palatschinken-Köchinnen: „Allzu große Reinlichkeit der Köchin tue den Palatschinken nicht gut!“ In einer mit Putzmitteln behandelten Pfanne bleiben die Palatschinken leicht kleben – man sollte die Pfanne daher nur mit einem Küchenpapier ausreiben.
In alten Kochbüchern stößt man immer wieder auf Begriffe wie „Pfannzelten“, Pfannkuchen“ oder „Omeletten“. Ein „Pfannkuchen“ ist noch heute ein gängiger Begriff in Deutschland – der Teig ist ein mit Eischnee zubereiteter, dickerer Palatschinkenteig. Als „Omelette“ bezeichnet man eine zusammengeschlagene Eierspeise, in die verschiedene – meist pikante – Zutaten gemischt werden. Das französische Pendant zur Palatschinke nennt man crêpes.
Der Teig wird mit Dottern und Obers verfeinert und hauchdünn ausgebacken. Crêpes rollt man nicht zusammen, sondern sie werden zweimal zusammengeklappt. Man isst sie süß oder mit pikanter Fülle als Hauptspeise.

ALTWIENER APFELSTRUDEL

TEIG: 250 g Mehl, 1 Ei, 1 Prise Salz, etwas kaltes Wasser, 1 TL Butter
FÜLLE: 15 mittelgroße säuerliche Äpfel (z.B. Elstar, Granny Smith, Boskop, Cox Orange), 7–8 EL Semmelbrösel, 1 EL Butter, 70 g Rosinen, 70 g fein gehackte Mandeln, Zucker nach Geschmack, 1 TL Zimt, abgeriebene Schale von 1/2 unbehandelten Zitrone, 1 Ei, 40 g zerlassene Butter zum Bestreichen, Staubzucker zum Besieben

Backrohr auf 180 °C vorheizen. Mehl in eine Schüssel sieben, in die Mitte eine Mulde drücken. Alle anderen Zutaten für den Teig in die Vertiefung geben, verrühren, mit dem gesamten Mehl rasch zu einem glatten Teig kneten. Er soll weder an der Arbeitsfläche (Brett) noch an den Händen kleben.
Einen Laib aus dem Teig formen, mit einem feuchten Küchentuch bedecken und 1 Stunde bei Zimmertemperatur rasten lassen.
Inzwischen die Fülle zubereiten: Semmelbrösel in Butter anrösten. Äpfel schälen, halbieren, entkernen und in ca. 4–5 mm dicke Scheiben schneiden. Mit den restlichen Zutaten für die Fülle vermischen.
Teig auf der mehlbestaubten Arbeitsfläche oder auf einem Tischtuch so weit wie möglich auswalken, mit beiden Handrücken den Teig anheben und nach allen Seiten langsam und vorsichtig so weit ausziehen, dass die Teigflache hauchdünn wird (Ringe von den Fingern nehmen). Fülle auf dem Teig verteilen, mit Hilfe des Tuchs einrollen und auf ein Backblech (mit Backpapier belegt) legen.
Ei und zerlassene Butter verrühren, Strudel damit bestreichen.
Im Backrohr ca. 45 min backen.

Tipps: Bevor man den Strudel einrollt, kann man auch etwas Sauerrahm darauf verteilen und die Fülle mit Rum bespritzen. Apfelstrudel wird lauwarm mit Vanillesauce oder Schlagobers serviert.
Auf die gleiche Art werden Kirschstrudel, Rhabarber-, Zwetschken-, Birnen-, Heidelbeer- und Weintraubenstrudel sowie Topfenstrudel hergestellt.
Verwendet man besonders saftige Früchte, sollte man die Teigfläche nur mit trockenen Bröseln bestreuen, bei Topfen- oder Rahmfülle gibt man die Fülle direkt auf die Teigfläche.

TOPFENSTRUDEL

TEIG: wie beim Apfelstrudel; Fülle: 500 g Topfen (10 % Fett), 100 g Butter, 200 g Zucker, 60 g Mehl, 3/8 l Sauerrahm, 5 Eier, Vanillezucker, 1 Prise Salz, etwas geriebene Zitronenschale und Zitronensaft, 50 g Rosinen
ÜBERGUSS: 2 Eier, 250 ml Milch
ZUM BESTREICHEN: 30 g zerlassene Butter

Backrohr auf 180 °C vorheizen. Teig wie oben beschrieben zubereiten. Während er rastet, die Topfenfülle zubereiten: alle Zutaten gut miteinander verrühren, abschmecken und nach Geschmack noch etwas Zucker oder Zitronensaft untermischen. Fülle auf den ausgezogenen Teig streichen, im Backrohr ca. 45 min backen. Zwischendurch mit etwas Eiermilch übergießen und mit zerlassener Butter bestreichen. Während des Backens übergießt man den Strudel mit Eiermilch und bestreicht ihn wiederholt mit Butter. Dazu passen Vanillesauce oder Kanari-Milch:

VANILLESAUCE

120 g Zucker, 1/2 1 Milch, 1 Ei, 2 Dotter, 1/2 Päckchen Vanillezucker

Mit dem Mixer Dotter, Ei, Vanillezucker und die halbe Zuckermenge mit 1/8 l Milch verrühren. Die restliche Milch mit dem restlichen Zucker in einem mittelgroßen Topf zum Sieden bringen, die Eiermilch einrühren und auf kleiner Flamme erhitzen, aber nicht kochen. Von der Herdplatte ziehen und etwa 10 min nachziehen lassen, durch ein feines Sieb seihen. Im Wasserbad warm stellen.

Tipp: Man kann die Vanillesauce mit frischer Vanille veredeln – sie wird im Topf miterhitzt und gibt so ihr feines Aroma frei.

KANARI-MILCH

1/4 l Milch, 1 Dotter, 1 Vanilleschote, 30 g Zucker

Dotter fein verrühren, die zimmerwarme Milch einrühren. Mit Vanilleschote und Zucker über Dampf schaumig schlagen, die Vanilleschote entfernen und sofort servieren.

MILCHRAHMSTRUDEL

TEIG: 250 g Mehl, 1 Ei, 1 Prise Salz, etwas kaltes Wasser, 1 TL Butter
FÜLLUNG: 150 g Butter, 150 g Zucker, 8 g Vanillezucker, 1 Prise Salz, abgeriebene Schale von 1 unbehandelten Zitrone, 5 Dotter, 500 g Topfen (10 % Fett), 350 g Sauerrahm, 60 g Mehl, 50 g Rosinen, 5 Eiklar
ÜBERGUSS: 350 ml Milch, 3 Eier, 40 g Zucker, 4 g Vanillezucker, 1 Prise Salz, 100 g zerlassene Butter zum Bestreichen, Staubzucker und Vanillezucker zum Bestreuen

Backrohr auf 160 °C vorheizen. Mehl in eine Schüssel sieben, in die Mitte eine Mulde drücken. Alle anderen Zutaten für den Teig in die Vertiefung geben, verrühren, mit dem gesamten Mehl rasch zu einem glatten Teig kneten.
Er soll weder an der Arbeitsfläche (Brett) noch an den Händen kleben.
Einen Laib aus dem Teig formen, mit einem feuchten Küchentuch bedecken und 1 Stunde bei Zimmertemperatur rasten lassen.
Die zimmerwarme Butter mit 50 g Zucker, dem Vanillezucker, Salz und der Zitronenschale schaumig rühren. Die Dotter nach und nach zugeben. Topfen, Sauerrahm, Mehl und Rosinen einrühren. Eiklar zu Schnee schlagen, zwischendurch nach und nach den restlichen Zucker einrieseln lassen. Unter die Topfenmasse heben. Teig auf der mehlbestaubten Küchen- oder Tischtuch so weit wie möglich auswalken, mit beiden Handrücken den Teig anheben und nach allen Seiten langsam und vorsichtig so weit ausziehen, dass die Teigflache hauchdünn wird (Ringe von den Fingern nehmen). Die Füllung auf ein Viertel der Teigfläche verteilen. Den frei bleibenden Teil mit zerlassener Butter bestreichen, mit Hilfe des Tuches einrollen. Strudel mit Daumen und Zeigefinger in der Mitte so eindrücken, dass sich die Fülle trennt, durchschneiden und die Hälften – am besten mit Hilfe des Tuches – in eine ausgebutterte Auflaufform (ca. 32 x 22 cm) heben.
Mit Butter bestreichen und in den Ofen schieben.
Die Milch für den Überguss erhitzen, die Eier mit Zucker, Vanillezucker und Salz verrühren und die heiße Milch mit dem Schneebesen einrühren. Nach 20 min Backzeit die Strudel damit übergießen und weitere 40 min backen. Zwischendurch noch zwei bis drei Mal mit der flüssigen Butter bestreichen. Strudel herausnehmen, leicht überkühlen lassen, Vanillezucker in ein Sieb geben und Strudel damit bestreuen. Mit Vanillesauce servieren.

Einen wesentlichen Beigeschmack der Wiener Mehlspeisküche liefern ihre Legenden. Der Millirahmstrudel zum Beispiel soll in der Wienerwald-Gastwirtschaft „Zum Roten Stadl“ in Breitenfurt erfunden worden sein, die im 19. Jahrhundert unter Liebhabern der süßen Küche besonders berühmt für ihre Strudeln war. Eine Köchin namens Milli kreierte das Erfolgsrezept aus Semmeln, Milch, Butter, Eiern, Vanille, Rosinen, Zucker und Obers, das – gekonnt in Strudelform gebracht – heute unter dem Millirahmstrudel bekannt ist. Die Sympathie für die gute Milli leidet kaum darunter, dass ein „Mülch Raimb Strudl“ schon in dem Wiener Kochbuch „Gantz Neu vermehrter Sorgfältiger Hauß-Halter“ aus dem Jahre 1696 erwähnt wird …

POWIDLTASCHERLN

500 g Mehl, 3 Eier, 1 TL Salz, 1 1/2–2 EL lauwarmes Wasser
FÜLLE: Powidl (Zwetschkenmus)
AUSSERDEM: 150 g Butter, 130 g Semmelbrösel,
Zimt und Zucker zum Bestreuen

Mehl auf ein Nudelbrett sieben, in die Mitte eine Vertiefung drücken. Die Eier mit dem Salz verrühren und 5 min rasten lassen. In die Vertiefung gießen, unter das Mehl mischen und nach und nach das Wasser zugeben. Mit den Händen einen glatten Teig kneten, eventuell noch etwas Mehl zugeben – der Teig darf nicht kleben, er soll fest und zäh sein. In 4–5 Laibe teilen, mit einem Topf zugedeckt 30 min ruhen lassen. Auf einem bemehlten Brett den Teig 2 mm dick ausrollen. In 8 cm große Quadrate schneiden, in die Mitte jeweils 1 TL Powidl setzen und den Teig zu einem Dreieck falten, die Ränder gut zusammendrücken. In einem großen Topf Salzwasser erhitzen, Powidltascherln schwach wallend gar ziehen lassen, bis sie von selbst an die Oberfläche steigen. Herausheben und kalt abschrecken. In einer separaten Pfanne Butter zerlassen, Semmelbrösel darin rösten, die Tascherln vorsichtig darin schwenken und mit Zimt und Zucker bestreut servieren.

MOHNNUDELN

TEIG: 1/2 kg Erdäpfel (mehlig kochend), 120 g Mehl (griffig), 40 g Butter, 2 Dotter, 1 Prise Salz
AUSSERDEM: etwas griffiges Mehl zum Formen der Rollen, 100 g Mohn (gerieben), 50 g Staubzucker, 50 g Butter, Staubzucker zum Bestreuen

Erdäpfel schälen, in Würfel schneiden. Salzwasser aufsetzen, Erdäpfel darin weich kochen, auf ein Backblech geben und im Ofen bei 120 °C ausdampfen lassen (ca. 15 min). Heiße Erdäpfel fein passieren oder durch eine Erdäpfelpresse drücken und auskühlen lassen. Mit den restlichen Zutaten gut vermischen und zu einem glatten Teig kneten. Teig mit dem griffigen Mehl bestäuben, zu 2 cm dicken Stangen rollen und in kleine Stücke schneiden. Mit der flachen Hand zu runden Nudeln rollen, an den Enden werden sie schmäler. Reichlich Salzwasser aufsetzen, bis zur Siedegrenze erhitzen, Erdäpfelnudeln darin 6–8 min gar ziehen. Aus dem Wasser heben und abseihen, Butter in einer Pfanne zerlassen, Erdäpfelnudeln dazugeben, Mohn und Zucker darüber streuen und durchschwenken. Dazu passt Zwetschkenröster.

Tipp: Statt in Mohn kann man die Erdäpfelnudeln auch in einer Mischung aus Butter, geriebenen Walnüssen und Zucker schwenken.

DAMPFNUDELN

TEIG: 1 kg Mehl, 1/2 l lauwarme Milch, 40 g Germ (Hefe), 2 EL Zucker, 2 EL zerlassene Butter, 3 Eier, etwas Salz
ZUM BACKEN: Butter 3/4 l Milch, 1 Pkg. Vanillezucker, 1 EL Zucker

Backrohr auf 170 °C vorheizen. Mehl in eine Schüssel sieben, in die Mitte eine Vertiefung drücken. 5 EL Milch mit der Germ (Hefe) und den 2 EL Zucker in eine Tasse geben und die Germ (Hefe) darin auflösen. In die Mehlmulde gießen und mit einem Teil des Mehls vermischen. Die Schüssel mit einem Tuch abdecken und an einem warmen Ort 15 min aufgehen lassen. Zeigt die Oberfläche Risse, die restlichen Zutaten für den Teig untermischen. Der Teig soll sich vom Schüsselrand lösen. Wieder mit einem Tuch abdecken und an einem warmen Ort rasten lassen, bis der Teig auf das Doppelte seines Volumens angewachsen ist. Noch einmal durchkneten, auf die bemehlte Arbeitsfläche geben und Stücke in der Größe eines Hühnereis abschneiden. Mit bemehlten Händen rund formen und nochmals 45 min gehen lassen. Eine ofenfeste Bratpfanne oder eine Auflaufform mit Butter bestreichen. Die Milch darin erwärmen, Vanillezucker und Zucker einrühren. Die Nudeln nicht zu eng nebeneinander in die Form setzen und zudecken. Im vorgeheizten Backrohr etwa 30 min backen, bis die Dampfnudeln goldgelb sind. Mit Vanillesauce servieren.

MARILLENKNÖDEL

1 kg Erdäpfel (mehlig kochend), 1 Prise Salz, 3 Dotter, Mehl, 750 g möglichst gleich große Marillen, Würfelzucker, 150 g Butter, 100 g Semmelbrösel, Zucker zum Bestreuen

Marillen mit kochendem Wasser überbrühen, enthäuten, einschneiden und Kern entfernen. In jede Marille 1 Stück Würfelzucker setzen. Erdäpfel in der Schale kochen, schälen und passieren oder durch die Erdäpfelpresse drücken. Mit Salz, Dottern und dem Mehl vermischen und zu einem glatten Teig kneten. Teig auf einem bemehlten Brett (Arbeitsfläche) ausrollen und in 5 x 5 cm große Quadrate schneiden. In die Mitte jeweils eine vorbereitete Marille setzen, mit den Händen den Teig um die Frucht legen und so einen Knödel formen. Reichlich Salzwasser aufsetzen, zum Sieden bringen und die Knödel darin 10 min gar ziehen lassen. In der Zwischenzeit die Butter zerlassen, die Semmelbrösel darin goldbraun rösten. Die Knödel mit einem Siebschöpfer aus dem Wasser heben, abtropfen lassen und in den Semmelbröseln schwenken. Mit Staubzucker bestreut servieren.

Tipp: Mit demselben Teig kann man auch Zwetschkenknödel zubereiten – einfach anstatt der Marillen entsteinte Zwetschken auf das Teigquadrat setzen und wie oben beschrieben weiter verfahren.

MARILLEN-TOPFEN-KNÖDEL

TEIG: 350 g Topfen (10 %), 100 g Semmelbrösel, 25 g weiche Butter, 30 g Staubzucker, 1 Dotter, 2 Eier, 1 Prise Salz, 1 Pkg. Vanillezucker
FÜLLUNG: 750 g möglichst gleich große Marillen, Würfelzucker
AUSSERDEM: 150 g Butter, 100 g Semmelbrösel, Staubzucker zum Bestreuen

Alle Zutaten für den Teig gut vermischen, im Kühlschrank 4 Stunden rasten lassen. In der Zwischenzeit Marillen mit kochendem Wasser überbrühen, enthäuten, einschneiden und Kern entfernen. In jede Marille 1 Stück Würfelzucker setzen. Aus dem Teig eine ca. 5 cm dicke Rolle formen, in Scheiben schneiden, jede Scheibe einzeln flach drücken, jeweils eine vorbereitete Marille darauf setzen und die Marille mit den Händen im Teig einhüllen. Reichlich Salzwasser aufsetzen, zum Sieden bringen und die Knödel darin 10 min gar ziehen lassen.
In der Zwischenzeit die Butter zerlassen, die Semmelbrösel darin goldbraun rösten. Die Knödel mit einem Siebschöpfer aus dem Wasser heben, abtropfen lassen und in den Semmelbröseln schwenken. Mit Staubzucker bestreut servieren.

MOHR IM HEMD

80 g Butter, 5 Eier, 80 g Schokolade (gerieben), 80 g geriebene Mandeln, 80 g Zucker, 20 g Semmelbrösel, 1 Pkg. Vanillezucker
AUSSERDEM: eine Puddingform (mit Deckel)

Butter mit dem Mixer schaumig rühren. Die Dotter einzeln zugeben. Schokolade, Vanillezucker und Mandeln untermischen. Eiklar steif schlagen, den Zucker dabei nach und nach einrieseln lassen. Eischnee unter die Masse ziehen.
Eine Puddingform gut mit Butter ausstreichen und mit Mehl ausstreuen.
Masse einfüllen, die Form schließen. In ein siedendes Wasserbad stellen, die Form sollte bis 2 cm unter dem Rand im Wasser stehen.
Bei Mittelhitze ca. 60 min garen. Mohr im Hemd auf eine Platte stürzen, mit Vanillesauce, Schlagobers oder flüssiger Schokolade servieren.

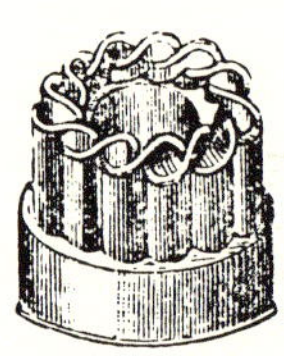

SCHLOSSERBUBEN

500 g große Dörrzwetschken, 100 g Mandeln
BACKTEIG: 150 g Mehl, 1/8 l Milch, 2 Dotter, 20 ml Pflanzenöl, 1 Prise Salz, 2 Eiklar
ÜBERGUSS: 80 g geriebene Schokolade, 40 g Staubzucker, 750 g geschmacksneutrales Backfett

Dörrzwetschken in kaltem Wasser 3 Stunden einweichen. Mandeln mit kochendem Wasser überbrühen, kalt abschrecken, Haut abziehen und kurz trocknen lassen. Dörrzwetschken einschneiden und den Kern entfernen. Anstelle des Kernes eine abgezogene Mandel hineingeben. Backteig: Mehl, Milch, Öl, Dotter und Salz zu einem glatten, nicht zu dünnen Teig rühren. Eiklar zu Schnee schlagen und unter den Backteig ziehen. Jede Zwetschke in den Backteig tauchen und in heißem Fett schwimmend herausbacken. Kurz auf Küchenkrepp abtropfen lassen und anrichten. Schokolade mit Staubzucker vermischen und knapp vor dem Servieren über die Schlosserbuben streuen.

Tipp: Statt dem Mandelkern kann man auch eine kleine Kugel Marzipan in die Zwetschken füllen. Dazu passen Vanillesauce oder Kanari-Milch.

WIENER WÄSCHERMÄDEL

12 reife Marillen, 180 g Marzipan, 1–2 EL Marillenschnaps, Staubzucker
BACKTEIG: 150 g Mehl, 1/8 l Milch, 2 Dotter, 20 ml Pflanzenöl, 1 Prise Salz, 2 Eiklar
AUSSERDEM: 50 g Mandelsplitter (fein gehobelte Mandelblättchen)

Aus den Marillen den Kern mit einem kleinen Löffel herausstechen, mit Zucker und Marillenschnaps beträufeln und kurz ziehen lassen. Anstelle des Kerns eine kleine Marzipankugel hineingeben. Backteig: Mehl, Milch, Öl, Dotter und Salz zu einem glatten, nicht zu dünnen Teig rühren. Eiklar zu Schnee schlagen, unter den Backteig ziehen. Marillen in den Backteig tauchen, in Fett schwimmend backen, herausheben, auf Küchenkrepp abtropfen lassen und mit Mandelsplitter bestreuen. Dazu passen Vanillesauce oder Kanari-Milch.

In Backteig getaucht und in Schmalz gebacken werden auch: Holunderblüten, Apfel-, Marillen- und Birnenspalten, Zwetschken und Kirschen.

DES WIENERS ZWEITE WOHNUNG …

Das Kaffeehaus

Die Geschichte des Kaffees ist noch nicht so alt, wie man glauben möchte – erst im 15. Jahrhundert verbreitete sich von Abessinien aus die Kultur des Kaffeetrinkens in Arabien. Man nahm den schwarzen Aufguss aber nicht einfach nur zu sich, dem Kaffeetrinken wurde weit mehr angedichtet als reiner Genuss. Die ersten Kaffeehäuser bekamen tiefgründige Beinamen wie „Schule der Weisheit" oder „Schule der Erkenntnis", nachdem die geistig anregende Kraft des Getränks die Gedanken von Weisen und Dichtern beflügeln sollte.

1544 soll in Konstantinopel, dem heutigen Istanbul, das erste Café der Welt eröffnet worden sein. Es fand so großen Anklang, dass sehr bald viele weitere folgten, die zum Teil mit dem größten Luxus ausgestattet waren. Am ganzen Bosporus folgte man dem gleichen Ritual: Dem eintretenden Gast wurde eine Matte oder ein Teppich ausgebreitet, so konnte er liegend Kaffee schlürfen und an der Wasserpfeife ziehen.

Eine Tradition, die sich bei uns nicht durchsetzte, und das ist gut so. Denn welcher Wien-Besucher würde sich nicht wundern, wenn er beim Eintreten in das Café Central dazu aufgefordert würde, sich auf den Boden zu legen und Melange und Apfelstrudel liegend zu sich zu nehmen?

Der italienische Orient-Reisende Pietro della Valle brachte den Kaffee 1626 nach Europa, Rom und Venedig kamen zuerst in den Genuss des Getränks. Unter den Arkaden der

venezianischen Prokurazien entstanden die ersten Kaffeehäuser – wie zum Beispiel das „Café Florian", das älteste noch existierende Kaffeehaus Europas. Obwohl viele Gäste das Kaffeehaus florieren ließen, wurden erst ein halbes Jahrhundert später weitere Kaffeehäuser eröffnet. Sie waren allerdings primitiv und zum Teil auch ungemütlich. Erst Mitte des 18. Jahrhunderts wurden sie luxuriöser eingerichtet.

Legenden werden in Wien gerne geglaubt, so auch jene über den Polen Georg Franz Kolschitzky. Als das türkische Lager nach der Belagerung der Stadt im Sommer 1683 gestürmt wurde, soll der gerissene Lebensmittelhändler, der zugleich Dolmetsch der orientalischen Handelskompanie in Belgrad war, als Belohnung für seine Tapferkeit bei einem Kundschaftsunternehmen einen großen Teil des erbeuteten Kaffeevorrats bekommen haben. Der Wiener Magistrat gab ihm angeblich daraufhin die Erlaubnis, das erste Wiener Kaffeehaus zu eröffnen, das allerdings nur Begüterten offen gestanden sein soll. Frau Kolschitzky war dieser Überlieferung zufolge eine begnadete Mehlspeisköchin und man sagt, sie habe zum Kaffee als erste ein Kipferl serviert, das an die Form des türkischen Halbmondes erinnerte. Auch die „Kaisersemmel" soll ihr in den Sinn gekommen sein; später habe sie ihr Repertoire sogar noch ausgiebig erweitert. Wie auch immer – Kaffee und Kuchen sind bis heute untrennbar, und wahrscheinlich hat Frau Kolschitzky einen wesentlichen Teil dazu beigetragen.

Nachdem Joseph II. Pressefreiheit angeordnet hatte, wurde es Brauch, im Caféhaus Zeitungen aufzulegen, Geschäftsleute erledigten hier ihre Korrespondenz, Schriftsteller ließen sich zu neuen Werken inspirieren und Musikkapellen spielten auf, von Lanner bis Strauß.

Heute ist das Kaffeehaus das letzte erlebbare Relikt der Donaumonarchie – von Bregenz bis Budapest, von Prag bis Triest. Eine Institution, ohne die Altwiener Backtradition nicht wäre, was sie heute noch ist. In vielen anderen europäischen Städten gab es Kaffeehäuser, doch nirgendwo schließt dieser Begriff so viel Gemütlichkeit ein wie in Wien. Bestellt man in Italien einen Espresso, so wird dieser „express" getrunken, während man in Wien eine entspannte Melange trinkt und zumindest ein Stück Strudel dazu isst.

Die klassischen Mehlspeisen im Wiener Café gehen auf alte Backtraditionen zurück. Viele Konditormeister wurden aus dem Habsburger Stammland, der Schweiz, an den Hof geholt, andere wiederum kamen aus der Steiermark, aus Krain, Tirol und Vorarlberg.

Livorno, Friaul, Triest, Paris, Böhmen, Wien – alle versuchten einander zwischen Marzipan und Mandelkrokant zu übertrumpfen. Sogar Mehlspeis-Spionage wurde betrieben, Prozesse um die Echtheit von Rezepten geführt. Viele Süßspeisen, die sich die Konditoren damals im Wetteifer ausdachten, sind heute Teil der süßen Wiener Klassik, wie die Sacher-, Dobos- oder Eszterházytorte, Topfenkolatschen, Powidlplunder oder Nusseckerln.

Die tatsächliche Entstehungsgeschichte der Sachertorte ist schwer nachvollziehbar, wollen doch einige „Urheber" die klassische Wiener Mehlspeise für sich beanspruchen. Der Legende nach soll Staatskanzler Wenzel Clemens Fürst Metternich 1832 den Befehl gegeben haben, ein besonders wohlschmeckendes Dessert für hohe Gäste zu kreieren. „Dass Er mir aber keine Schand' macht, heut' Abend!" Der Chefkoch konnte diese Herausforderung nicht annehmen, er lag krank im Bett. Der schwierige Auftrag wurde weitergeleitet, da keiner die Verantwortung übernehmen wollte, und landete schließlich beim 16-jährigen Lehrjungen Franz Sacher. Er dachte sich diese zart-flaumige Schokoladetorte mit doppeltem Boden, verbunden durch Marillenmarmelade und glaciert mit Couverture, aus. Erst nach dem Ende seiner Lehrzeit bot er die Torte nochmals den Grafen Eszterházy in Pressburg und Budapest an. Von da an war die Sachertorte in aller Munde. Das Original-Rezept ist allerdings bis heute ein gut gehütetes Geheimnis.

SACHERTORTE

TORTE: 130 g dunkle Couverture (Schokolade-Tunkmasse), 130 g zimmerwarme Butter, 40 g Staubzucker, 5 g Vanillezucker, 1 Prise Salz, 6 Dotter, 6 Eiklar, 180 g Kristallzucker, 130 g Mehl
GLASUR: 400 g Marillenmarmelade, Schokoladeglasur (Fertigprodukt)

Backrohr auf 190 °C vorheizen. Die Couverture im Wasserbad unter Rühren zergehen lassen. Etwas abkühlen. Mit Butter, Staubzucker, Vanillezucker und Salz vermischen. Schaumig rühren und dabei die Dotter nach und nach zugeben. Eiklar mit dem Zucker zu steifem Schnee schlagen, das Mehl sieben. Eiklar und Mehl abwechselnd vorsichtig unter die Schokolademischung ziehen. Tortenform mit Butter ausstreichen und mit Mehl bestäuben. Masse einfüllen und im Backofen etwa 60 min backen. Ein Backpapier mit Kristallzucker bestreuen, Torte darauf stürzen und auskühlen lassen.
Tortenboden einmal horizontal durchschneiden, mit der Hälfte der Marmelade bestreichen und wieder zusammensetzen. Die restliche Marmelade erhitzen, die ganze Torte damit rundum dünn einstreichen. Die Schokoladenglasur laut Packungsanweisung erwärmen und die Torte damit glasieren.

Tipp: Den Tortenboden am besten schon am Vortag zubereiten und über Nacht im Kühlschrank aufbewahren. Zur Sachertorte wird traditionell Schlagobers serviert.

ERDBEERSTANITZEL

TEIG: 3 Eier, 110 g Zucker, 40 g Mehl
FÜLLE: 1/4 l Schlagobers, frische Erdbeeren

Backrohr auf 200 °C vorheizen. Eier und Zucker mit dem Mixer schaumig rühren. Das Mehl sieben und untermischen. Ein Blech mit Backpapier auslegen, mit einem Esslöffel den Teig portionsweise darauf setzen (genügend Abstand lassen), mit dem Löffelrücken zu Kreisen von 15 cm Durchmesser streichen. Im Backrohr etwa 10 min hellgelb backen. Mit einem Messer vom Backpapier lösen und noch heiß zu Tüten rollen (eventuell ein spezielles „Stanitzelholz" verwenden). Ränder leicht andrücken und die Stanitzel auskühlen lassen.
Obers steif schlagen, Erdbeeren waschen, putzen, je nach Größe halbieren oder vierteln. Obers mit einem Spritzsack in die Stanitzel dressieren und mit Erdbeeren garnieren.

Das Stanitzel war im alten Wien eine beliebte Form – auch Maroni- und Obstverkäufer packten ihre Ware in Stanitzel, allerdings bestanden diese aus Zeitungspapier.

GUGELHUPF

100 g Butter, 150 g Zucker, 5 Eier, 1/2 Pkg. Backpulver, 250 g Mehl, 1/8 l Milch, Butter und Mehl für die Form, Staubzucker zum Bestreuen

Backrohr auf 180 °C vorheizen. Butter mit 50 g Zucker schaumig rühren. Eier in Dotter und Klar trennen. Backpulver und Mehl versieben. Nacheinander die Dotter unter die Butter-Zucker-Mischung geben, das Mehl und so viel Milch unterrühren, dass sich der Teig schwer reißend vom Kochlöffel löst. Eiklar mit dem restlichen Zucker zu Schnee schlagen und unter die Masse heben. Eine Gugelhupfform mit Butter ausstreichen, mit Mehl bestauben. Den Teig einfüllen und im vorgeheizten Backrohr etwa 45 min backen. Backrohr abschalten, Tür öffnen und Kuchen noch 10 min abkühlen lassen. Auf ein Gitter stürzen und auskühlen lassen. Staubzucker in ein Sieb geben und über den Kuchen streuen.

Tipp: Man kann unter die Masse auch Rosinen mischen.

NAPOLEONSCHNITTEN

4 Eier, 2 Dotter, 150 g Zucker, 100 g Mehl, 150 g Mandeln (gerieben). Butter und Mehl für das Blech, 200 g säuerliche Marmelade (Ribisel- oder Zwetschkenmarmelade)

Backrohr auf 180 °C vorheizen. Eier und Dotter mit dem Zucker schaumig rühren. Mandeln in einer beschichteten Pfanne trocken rösten. Das Mehl mit den Mandeln vermischen und unter die Ei-Zucker-Mischung heben. Backblech mit Butter ausstreichen und mit Mehl bestäuben. Teig gleichmäßig darauf streichen und im vorgeheizten Backrohr etwa 30 min backen, auskühlen lassen. Kuchen längs halbieren. Marmelade erwärmen, eine Kuchenhälfte mit der Marmelade bestreichen, die andere Hälfte darüber legen. Am nächsten Tag in gleichmäßige Stücke schneiden.

NUSSECKERLN

MÜRBTEIG: 370 g Mehl, 300 g zimmerwarme Butter, 80 g Sauerrahm, 1 Prise Salz
FÜLLUNG: 120 g Schlagobers, 60 g Zucker, 180 g geriebene Walnüsse, Rum, Dotter zum Bestreichen

Backrohr auf 190 °C vorheizen. Mehl mit Butter, Sauerrahm und Salz kurz durchrühren. Zu einem flachen Teigbock formen und in Klarsichtfolie gewickelt im Kühlschrank über Nacht rasten lassen. Füllung: Schlagobers und Zucker aufkochen, Nüsse einrühren, auskühlen lassen und mit einem Spritzer Rum abschmecken. Mürbteig 2 mm dick ausrollen, in 7 cm große Quadrate schneiden.
Jeweils einen Teelöffel Fülle in die Mitte setzen, Ränder mit Wasser bestreichen und zu einem Dreieck formen. Ränder gut zusammendrücken.
Mit verquirltem Dotter bestreichen und ca. 15 Min goldbraun backen.
Noch heiß mit Staubzucker bestreuen.

WIENER FASCHINGSKRAPFEN

6 Dotter, 100 g zerlassene Butter, 35 g Germ (Hefe), 50 g Zucker, 1/2 l lauwarme Milch, 500 g Mehl, 1 Prise Salz
ZUM FÜLLEN: Marillenmarmelade
ZUM BACKEN: geschmacksneutrales Pflanzenöl

Germ (Hefe) mit 2 TL Zucker in 3 EL lauwarmer Milch auflösen, mit 50 g Mehl glatt rühren. Mischung mit Mehl bestauben, an einem warmen Ort 30 min aufgehen lassen. Dotter schaumig rühren, nach und nach die zerlassene Butter unterrühren. Restliches Mehl mit der Dottermischung zum Germ (Hefe)-Gemisch geben und gut durchrühren, bis sich der Teig vom Schüsselrand löst. Abgedeckt erneut aufgehen lassen, bis der Teig auf das doppelte Volumen angewachsen ist. Nochmals durchkneten und auf einer bemehlten Arbeitsfläche zu 20 Kugeln formen, mit kreisenden Handbewegungen die Kugel etwas abflachen. Auf ein bemehltes Tuch legen, mit Mehl bestauben und nochmals zugedeckt an einem warmen Ort ca. 45 min gehen lassen. Reichlich Pflanzenöl erhitzen, Krapfen einlegen und zugedeckt backen, umdrehen und offen fertig backen. Aus dem Fett heben, auf Küchenkrepp abtropfen lassen. Marillenmarmelade passieren, mit einem Dressiersack in die Krapfenmitte spritzen. Krapfen mit Staubzucker bestreuen.

Krapfen gehören in Wien zum Fasching wie Masken und Mummenschanz. Die Wiener hielten sich nur allzu gern an das Motto: „Wer an Fastnacht nicht isst und trinkt, bis ihm der kleine Finger steht, der wird das ganze Jahr nicht satt oder froh.“ So wurde vor der Zeit der Besinnung und des Fastens noch einmal alles aufgetragen, was Speisekammer und Keller zu bieten hatten.
Man nimmt an, dass schon die Römer die kleine schmalzgebackene Spezialität kannten und sie globuli *(„Kügelchen“) nannten. Dabei wurden Teigstückchen in einem heißen Kessel mit Fett gebacken, mit Honig beträufelt und mit Mohn bestreut. In Wien kennt man den Krapfen wahrscheinlich seit dem 17. Jahrhundert. Er soll nach der legendären Kuchenbäckerin Cäcilia Craph benannt worden sein, die der Überlieferung nach eine Meisterin in der Zubereitung solcher Spezialitäten war.*
Im Jahr des Wiener Kongresses (1815) sollen mehr als zehn Millionen Krapfen gegessen worden sein. Zu dieser Zeit war es auch Brauch, dass junge Mädchen den Krapfen auseinander brachen und ihren Kavalieren eine Hälfte davon reichten. Diese Geste wurde als Zeichen der Verlobung angesehen.

Literaturhinweise

Eipeldauer-Briefe („Briefe eines Eipeldauers an seinen Herrn Vetter in Kakran über d'Wienstadt"), Joseph Richter, 1785–1813. 1813–1819 von Franz Xaver Gewey und 1819-21 von Adolf Bäuerle herausgegeben

Olga und Adolf Hess: Wiener Küche, Wien 1928

Franz Maier-Bruck : Das große Sacher-Kochbuch, Herrsching: Schuler Verlagsgesellschaft mbH 1975

Franz Maier-Bruck,: Vom Essen auf dem Lande, Wien: Kremayr & Scheriau 1999

Karl Meisl und Franz Xaver Gewey: Komische Gedichte aus den Vorstädten, Wien 1812

Österreichisches Kriegs-Kochbuch vom k.k. Ministerium des Innern überprüft und genehmigt (etc.), Wien: Stefan 1915

Katharina Prato: Die Süddeutsche Küche auf ihrem gegenwärtigen Standpunkte mit Berücksichtigung des Thees und einem Anhange über das moderne Serviren. Für Anfängerinnen, sowie für praktische Köchinnen zusammengestellt. Graz 1858

Universal-Lexikon der Kochkunst. Die hohe Schule des Kochens von A-Z. Menüs, Speisekarten & 10.000 Rezepte. Nachdruck der Ausgabe v. 1890. 2 Bde., 1996

Weisheit des Essens, München: Kurt-Wolff-Verlag 1928

Franz G. Zenker: Nicht mehr als sechs Schüsseln, 2 Bände, Wien 1820 wiederaufgelegt von Peter Kubelka, Wien: Czernin Verlag 2005

Karl Obauer und Rudolf Obauer: Das neue österreichische Kochbuch, München 1999

Michael Lynn und Ingrid Gregor: Der Wiener Naschmarkt, Wien: Verlag Holzhausen 1999

Albert Kofranek: Die gute Wiener Küche, Wien: Kremayr & Scheriau 1959

Wolfgang Neuber: Die K. u. K. Wiener Küche. Rezepte aus der guten alten Zeit, Berlin: Ullstein 1991

Joseph Wechsberg: Die Küche im Wiener Kaiserreich, Reinbek bei Hamburg: Rowohlt 1985

Eva Bakos: Gaumenschmaus und Seelenfutter. Tausend Jahre Wiener Küche, Wien: Pichler Verlag 1996

Meindl-Dietrich, Lechner: Kochbuch für ländliche Haushalte, Wien: Österreichischer Agrar Verlag 1974 (48. Auflage!)

Franz Ruhm: Perlen der Wiener Küche, München: Andermann 1953

Rolf Schwendter: Vergessene Wiener Küche, Wien: Promedia 2004

Adolf Hess, Olga Hess, Peter Kirischitz: Wiener Küche, Wien: Deuticke 2001

Florian Holzer: Wiener Delikatessen, Wien: Falter 2004

Illustrationen: Sammlung Viktor Kabelka, Gießhübl (83, 87)
Wien Museum (3, 35, 39, 58, 62)

ISBN 3-85431-354-3

www.styriapichler.at

Umschlaggestaltung: Bruno Wegscheider
Produktion und Gestaltung: Alfred Hoffmann
Reproduktion: Pixelstorm, Wien
Druck und Bindung: Medienfabrik Graz / Steierm. Landesdruckerei GmbH
Printed in Austria